# Schloss Breidenrössl am Perftalsee

Ein Coronafilmprojekt
2021
aus Biedenkopf

# Schloss Breidenrössl am Perftalsee

# oder

# Miss Merwel und Monsieur Purée

Ein erschröcklich
schrecklicher
Schreckenskrimi.
Mit Bildern aus dem Film.

# Impressum



ISBN: 9789403627649

Covergestaltung: Christoph Kaiser

Die Bilder stammen aus dem gleichnamigen Film von 2021, gedreht in Biedenkopf, Breidenstein und Wiesenbach.

Verlagsportal: Bookmundo.de
Gedruckt in Deutschland

Die Deutsche Nationalbibliothek verzeichnet diese Publikation in der Deutschen Nationalbibliografie.

# Personen

Miss Joan Merwel, Hobby-Detektivin

Monsieur Herman Purée, Detektiv von eigenen Gnaden

Miss Rosi Butterfly-Knife, CIA-Agentin

Frau Heidgunde Dobler-Matterbusch, Hotelgast

Pascal Hinterwaldler, Journalist

Matthew Peacemaker, Mafia-Mörder

Eleonora Cappuccina, Mafia-Patin

Hausangestellte Isolde Grünberger

Karl Georg Knöber-Musterhagen, Fabrikbesitzer

Edith Viehweger, Bäuerin

Kommissar Eugen Kneterborg

Gräfin Edwiga von Breidenrössl

Karl Hermann Viehweger, Bauer; Ediths Sohn

Constanze Rämseyer, Köchin

ein namenloser Hotdog-Verkäufer

Die Drehs erfolgten corona-konform, mit möglichst wenigen getesteten oder genesenen/geimpften Beteiligten und so oft es ging mit Personen aus demselben Haushalt in einer Szene, weshalb hin und wieder Handdoubles nötig wurden.

<u>Die Texte sind genderstern- und gendergapfrei.</u>

*Aus dem Einleitungstext bei Youtube:*

Ein erschröcklich schrecklicher Schreckenskrimi über das unfassbare Geheimnis von Schloss Breidenrössl am Perftalsee, das die Welt sehr interessieren würde, wenn.... ja, wenn...Gedreht unter Coronabedingungen und Einhaltung der Coronaregeln vom Schenkbarschen Hoftheater Biedenkopf, zum Abspannen und trotzdem aktiv bleiben in Zeiten der Pandemie. Es kamen weder Menschen noch Tiere zu Schaden, das Stück ist garantiert nicht gefährlich und zudem 100% gendergapfrei und ohne Sterne, wo sie nicht hingehören. Also Qualitätslaientheater aus dem wahren Leben. Obwohl fröhlich gemeuchelt wird (von wem wird nicht verraten), haben wir auf jede Verwendung von Kunstblut verzichtet. Trotzdem ist der Film ausdrücklich nicht für Kinder gedacht! Es ist halt ein Krimi! Und ein bisschen Gruselfaktor soll ja auch bleiben. Es kamen nur Theaterrequisiten zum Einsatz; nichts ist hier so gefährlich, wie es wirkt. Wir wollten uns in keiner Weise über Opfer von Straftaten lustig machen, weshalb wir uns gar nicht erst bemüht haben, nicht freiwillig unfreiwillig komisch umzufallen. Der Film ist schlicht eine Einladung, ganz einfach relaxt oder gechillt und ohne jeden ideologisch-erzieherischen Zwangsüberbau zu entspannen und einen Krimi zu genießen, der eine kleine amateurhafte Hommage an meine Meister des Krimis sein soll, Agatha Christie und Edgar Wallace. Deshalb: Einfach zuschauen, entspannen und durchaus gerne schmunzeln. Nichts hier ist wirklich ernstgemeint! Und achten Sie drauf: Unter denen, die in den Zimmern herumliegen, heißt keiner "Hoffnung", denn die stirbt ja bekanntlich zuletzt.

# Szene 1

*Zoom auf das Breidensteiner Schloss.*

*Innen:* Gräfin *steht am Fenster neben einer Ritterrüstung und blickt hinaus. Langsam dreht sie sich um.*

Rosi Butterfly-Knife *steht im Raum, beobachtet die Gräfin.* Madame, ich bin von der CIA und von daher nicht gewohnt, wie eine Dienstbotin gerufen und dann im Raum stehen gelassen zu werden. Weshalb wollten Sie mich sprechen?

*Gräfin sieht noch einmal kurz hinaus, dreht sich dann um, ohne Rosi eines Blickes zu würdigen und geht zum Buffet. Aus einer Schublade nimmt sie einen vergilbten Zettel mit wenigen schreibmaschinegeschriebenen Buchstaben jeweils auf der Vorder- und der Rückseite und reicht ihn mit spitzen Fingern Rosi, immer noch ohne sie anzusehen.* Hier, für Sie. Das haben Sie doch suchen und finden sollen. Also: Da haben Sie es. Lesen Sie und dann gehen Sie. Ich will Sie hier nicht mehr sehen müssen. Sie nicht, und Ihre ganze impertinente CIA auch nicht. Sie sind hier nicht erwünscht. Sie Schnüfflerin.

Rosi *nimmt den Zettel und liest ihn aufmerksam von beiden Seiten. Sieht die Gräfin ratlos an:* Ich verstehe nicht...

Gräfin *sehr kalt, wieder zum Fenster hinaus sehend:* Das hatte ich befürchtet und gehofft. Ich hatte Ihnen ja gesagt, es nutzt Ihnen nichts, den Zettel endlich in Händen zu halten, Sie wollten es mir ja nicht glauben. Und siehe da, Sie halten ihn in ihren Händen und können nichts damit anfangen. Nun, dann sind Sie nicht die Richtige für den „Job", wie man wohl in Ihren Kreisen zu sagen pflegt. Das war es dann. Sie hatten Ihre Chance. Adieu.

Rosi: Sind Sie sich sicher, dass ich nicht eine ganze Nummer zu groß bin für Sie? Hinter mir steht die CIA.

Gräfin *blickt hinaus, lächelt fein:* Sie unterschätzen mich. Das ist gut so.

Rosi *überlegt, ob sie noch etwas sagen soll, behält den Zettel in der Hand.* Dann adieu. *Will schnell abgehen.*

Gräfin *schneidend:* Der Zettel bleibt hier. Und dann raus.

Rosi *legt den Zettel auf den Tisch, dann ab.*

Gräfin *beachtet den Abgang nicht, sieht stumm weiterhin zum Fenster hinaus.*

*Abgang*

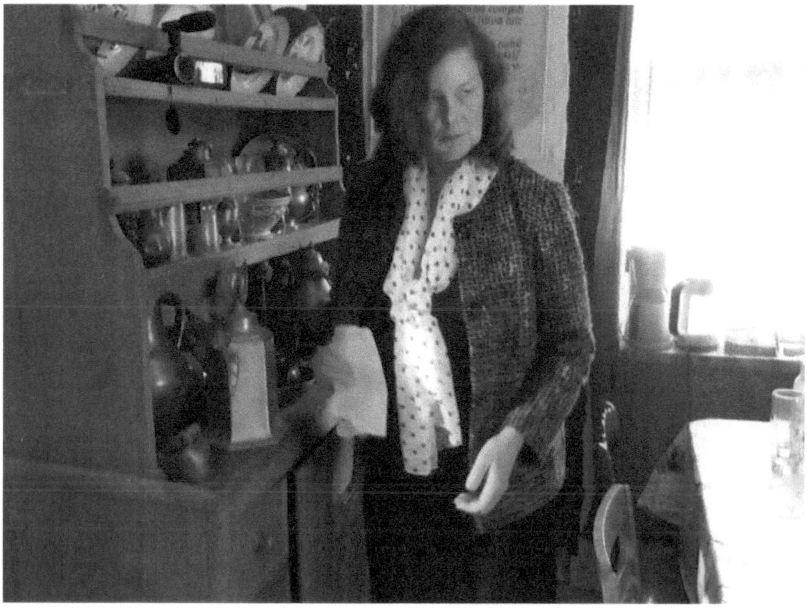

*Gräfin von Breidenrössl*

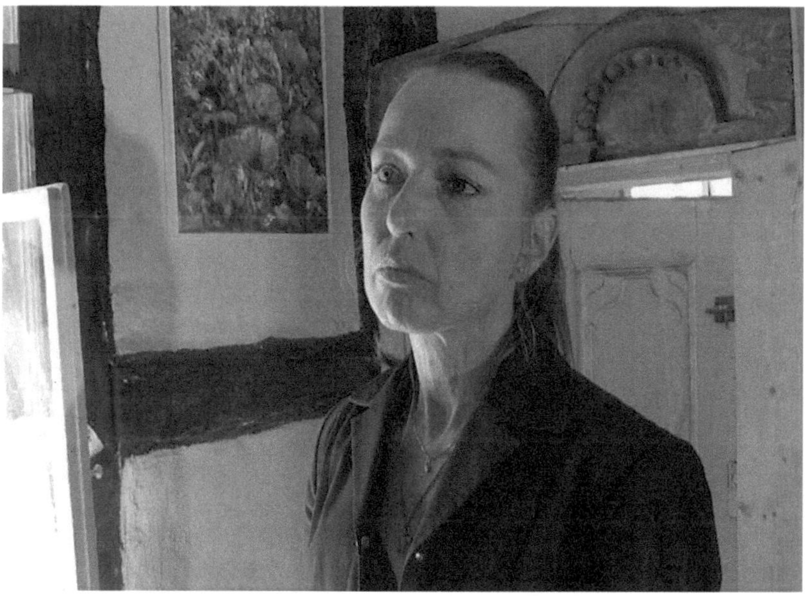

*Rosi Butterfly-Knife, CIA-Agentin*

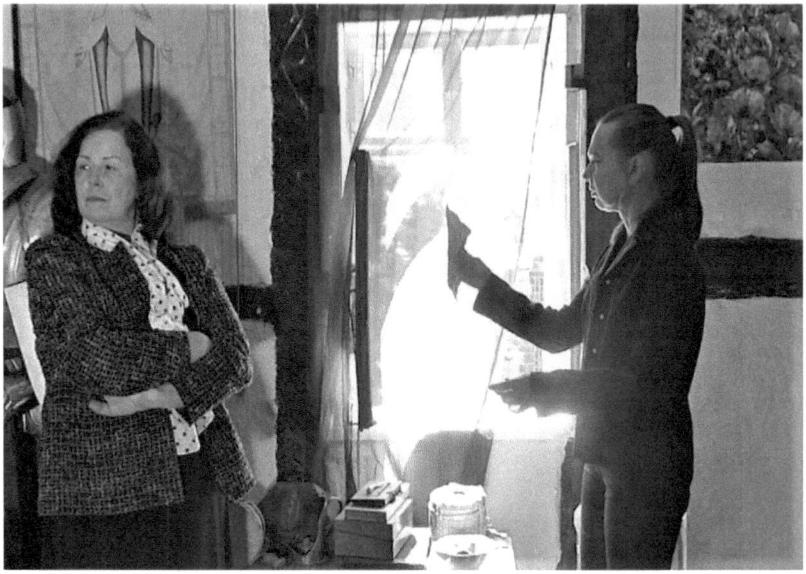

*„Ich wusste, Sie würden nichts verstehen."*

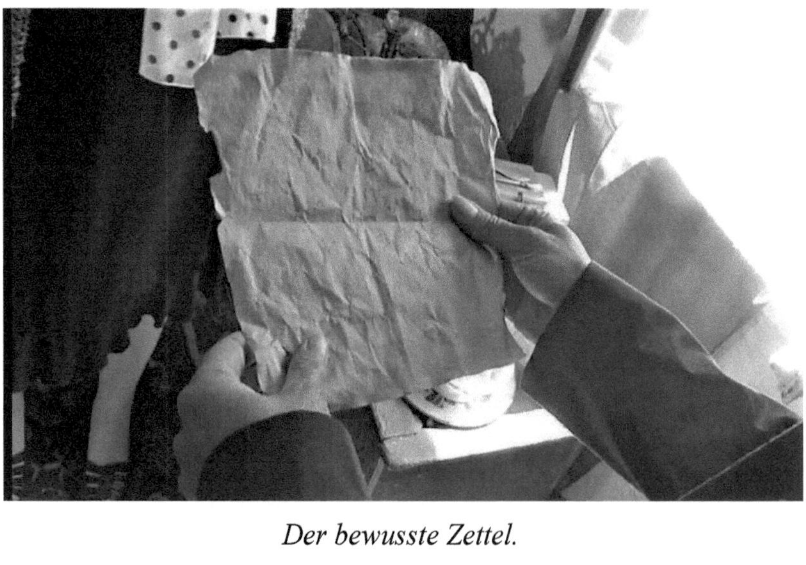

*Der bewusste Zettel.*

## Szene 2

*Blick vom Damm des Perfstausees Richtung Breidenstein auf das Schloss.*

*Miss Merwel tritt von links ins Bild. Sie betrachtet freudig die schöne Landschaft. Sie sprüht von Urlaubsstimmung, atmet hörbar die Luft ein und schließt die Augen. Sie breitet die Arme aus und will scheinbar die ganze Welt umarmen.* Ach! Was für ein herrliches Fleckchen Erde! Wie wunderbar! Und so ungestört! *Die Kamera umrundet sie mit Aufblick zum Himmel, Miss Merwel in der Bildmitte mit ausgebreiteten Armen und geschlossenen Augen.*

*Schwenk über den See, vielleicht Spaziergänger.*

*Schwenk auf den Parkplatz. Ein Auto fährt darauf.*

*Kamera auf dem Parkplatz, mit Blick hinauf zu Miss Merwel, dann kommt das Auto von rechts ins Bild. Zoom auf das Auto. Man hört aus dem Auto Cappuccina rufen:* Ja, hier ist schön! Fahr ran, Idiot. Einfach da ranfahren. Kriegst du das wenigstens hin?

Eleonora Cappuccina *und* Matthew Peacemaker *steigen aus dem Auto. Je eine Kamera auf jeweils eine Person. Peacemaker rekelt sich, Cappuccina beobachtet ihn dabei, deutet selbst einige Dehnungsübungen an. Als sie sich strecken, werden kurz zwei Pistolen sichtbar, die beide tragen.*

Cappuccina *bemerkt Peacemakers Pistole, sieht sich um:* Matthew, pass doch auf! Musst du die so offen herumtragen? Noch unauffälliger geht's ja wohl wirklich nicht!

Peacemaker *sieht an Cappuccina herunter, sieht ihre Pistole, grinst. Zeigt auf die Pistole:* Etwa so unauffällig?

Cappuccina *sieht sich ärgerlich um, zieht sich die Kleidung über die Pistole:* Bei mir ist das etwas anderes, ich bin eine Frau. Ich bin schutzbedürftig und muss mich verteidigen können.

Peacemaker *zieht die Augenbrauen hoch:* Ach so ist das! Ich sollte femininer wirken, dann darf ich auch mit Knarre rumlaufen.

Cappuccina *(Kamera wechselt zwischen ihrem Gesicht und dem von* ***Peacemaker****, das sich immer mehr verfinstert.)*: Das verstehst du nicht. Wie alles. Nichts verstehst du. Du bist eigentlich zu doof für alles. Was wäre wohl, wenn ich dir nicht sagen würdest, was du tun musst. Naja, kannst von Glück sagen, dass du mich hast. *Sieht sich um.* Da vorne hatte doch irgendwas von einem Restaurant gestanden. *Zeigt den Damm hinauf:* Ich glaube, das ist da oben. Komm, sonst verhungere ich noch. *Geht entschlossen zum Damm.*

Peacemaker *bleibt etwas zurück, knurrt:* Ach, was wäre das schlimm, wenn du verhungern würdest. *Folgt ihr.*

*Cappuccina steht vor dem Restaurantschild, übersieht das Schild daneben, das die Öffnungszeiten angibt.*

Cappuccina *sieht sich um:* Das war ja klar, ein Restaurant, aber geschlossen. Aber da hinten ist ja einer mit einem Bauchladen. Geh da hin und hol mir ein Brötchen. Wenn's geht, Tomate-Mozzarella. Ich muss gucken, wo ich mich hier mal in die Büsche schlagen kann. Was für ein Mist. Kein Klo und ich muss...

Peacemaker: Das will jetzt keiner wissen.

*Geht zu dem Typ mit dem Bauchladen; Kamera bleibt zurück. Er diskutiert mit dem Bauchladenträger, gibt eine Bestellung auf, kauft selbst ein Brötchen, zahlt und geht weiter in die Ferne. Der Bauchladenträger belegt offensichtlich ein Brötchen und gibt Salz darauf.*

***Miss Merwel** geht am Bauchladenträger vorbei, beobachtet verwundert, was er tut und geht weiter.*

*Kamera wieder in Nahaufnahme, Bauchladenstand.*

Cappuccina *kommt dazu:* Hallo Sie da! Hat hier einer, so ein Großer mit Bart, für mich ein Brötchen bestellt?

Bauchladenträger *der nie von vorne zu sehen ist:* Ja hier, bitte! Ist auch schon bezahlt. Ich hoffe, das ist so wie gewünscht.

Cappuccina *reißt ihm das Brötchen aus der Hand:* Na, wird schon klappen. Brötchen schmieren ist ja nun wirklich keine Kunst. Das bekommen sogar Männer hin. *Beißt in das Brötchen, stutzt kurz, verzieht das Gesicht. Schreit:* Was soll das denn sein? Kannst du Depp mir bitte erklären, was das soll? Warum habe ich hier dicke Scheiben Wurst mit Tomate und Salz im Mund?

Bauchladenträger *immer noch von hinten:* Im Mund haben Sie es, weil Sie abgebissen haben, und das Brötchen ist genauso, wie der Herr es bestellt hatte. Er sagte, Sie mögen es so.

Cappuccina: Der Idiot will mich in den Wahnsinn treiben. Hat er doch wieder Mozzarella und Mortadella verwechselt! Na warte, wenn ich dich kriege! *Stürmt los, dabei sieht man wieder kurz die Pistole unter ihrer Kleidung.*

*Die Kamera folgt ihr bis zum Gesicht von* ***Miss Merwel****, an der Cappuccina vorbeistürmt. Kamera bleibt von halblinks auf Miss Merwels Gesicht, die Cappuccina nachsieht. Sie hat die Pistole offensichtlich bemerkt.*

Miss Merwel: Schau an, schau an. Eine Gegend mit unverhofften verborgenen Besonderheiten. Das kann ja ein interessanter Urlaub werden.

*Abblende.*

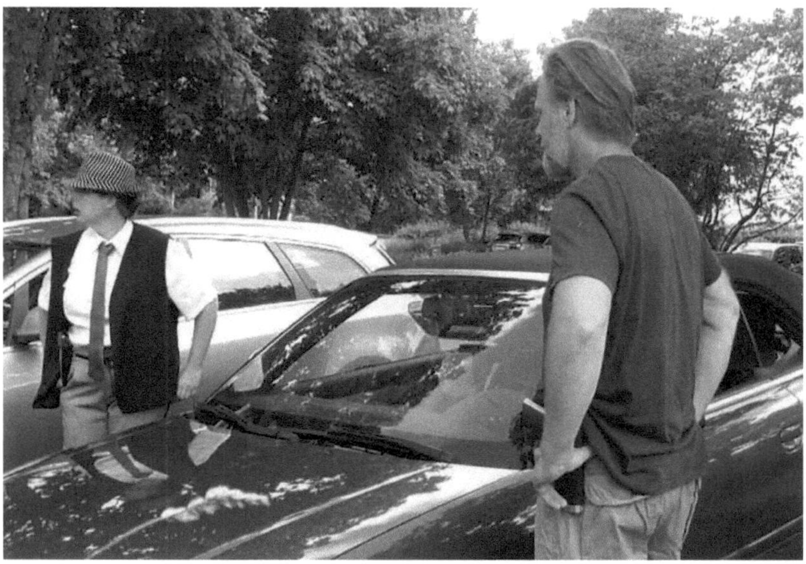

*Die Ankunft der Mafiosi.*

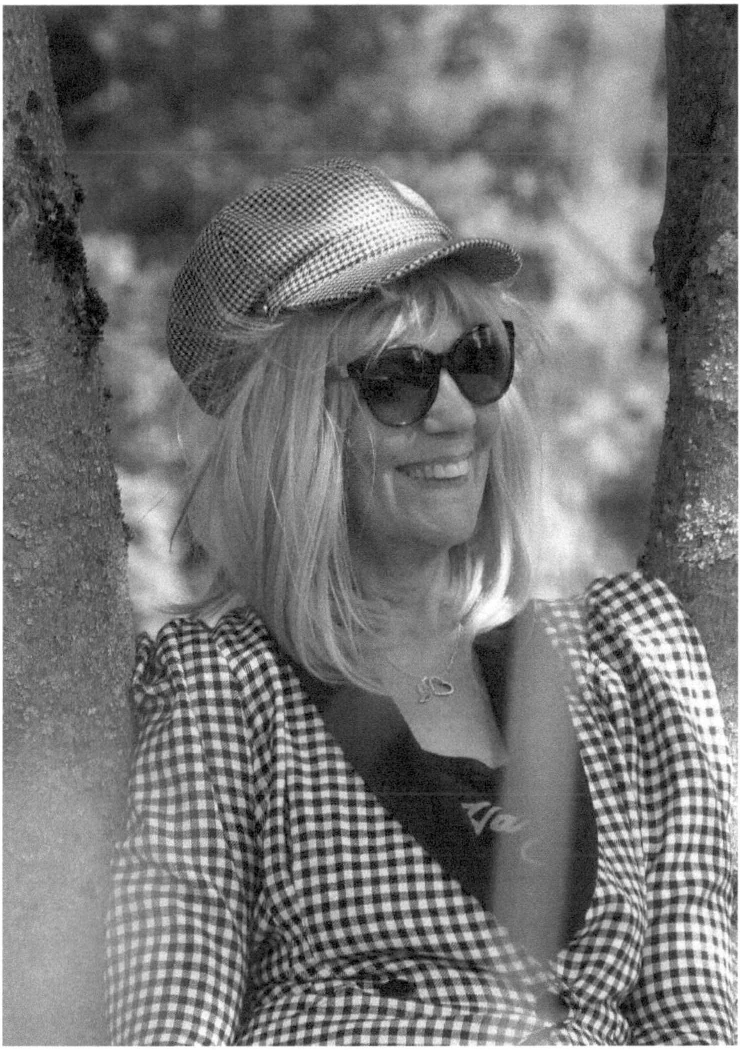

*Miss Merwel genießt den Urlaub.*

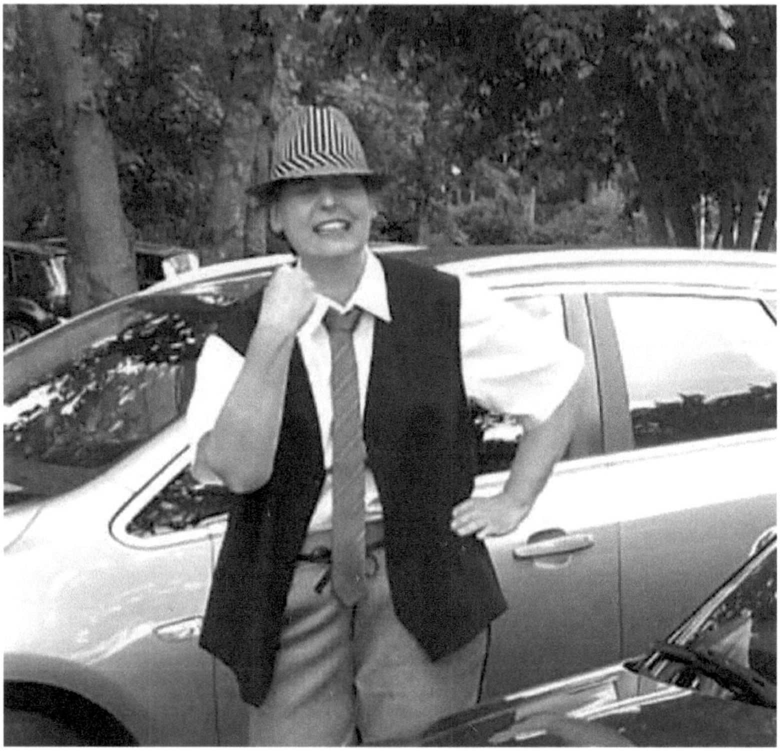

*Cappuccina ist genervt.*

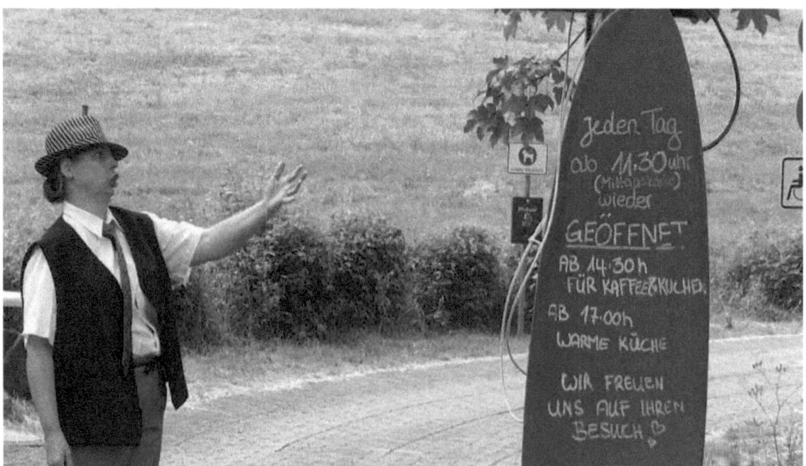


*„War ja klar, geschlossen!“*

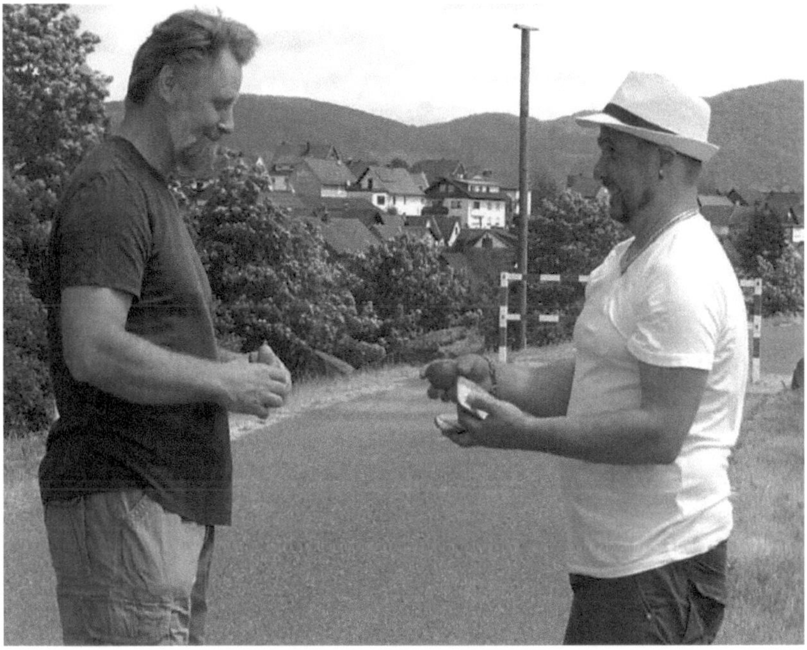

*„Tomate Mortadella mit viel Salz. Die Chefin zahlt."*

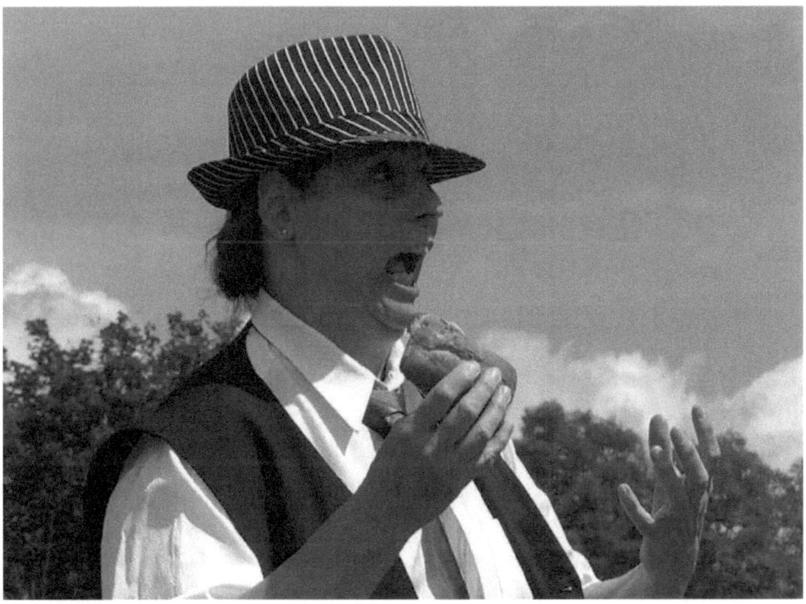

*„Der will mich doch in den Wahnsinn treiben, der Idiot!"*

## Szene 3

Miss Merwel *sieht zurück zum Damm. Sie entdeckt jemanden. Die Kamera blickt von hinter ihr den Weg entlang.*

*In der Ferne kommt ein Mann, Monsieur Purée, der zügig den Weg entlang geht, aber langsamer wird, sobald er Miss Merwel erkennt. Er fasst sich sichtbar, wirft sich in die Brust und kommt schneller näher, fasst seinen Hut und grüßt, will vorbei gehen.*

Miss Merwel: Ach, lieber Monsieur Purée, Sie auch hier?

Purée *mit eisigem Blick*: Ach ja, die geschätzte Miss Merwel, n'est-ce pas? Excusez-moi, Madame, aber ich habe Sie nicht erkannt.

Miss Merwel: Ja, ich auch hier, mein geschätzter Herr Kollege.

*Kamera auf Purées Gesicht, der beim Wort Kollege aussieht, als hätte er auf eine Zitrone gebissen.*

Miss Merwel *spricht durchgängig weiter:* Mich entspannen und die wunderbare Landschaft genießen, herunterkommen, wie man heute so schön sagt. Und Sie?

Purée: Ich hatte auch vor, mich zu entspannen. Und die wundervolle Landschaft zu genießen. Nun ja, der Vorteil ist ja, dass es hier so unfassbar viel Landschaft gibt. Ich hoffe, genug für uns beide.

Miss Merwel *klopft ihm vertraulich auf die Schulter:* Aber lieber Kollege, das wird schon klappen. Und wenn wir uns doch einmal zufällig begegnen, dann wird das schon nicht so schlimm sein, meinen Sie nicht auch?

Keine Sorge, wir werden hier nicht zu Konkurrenten werden. In dieser Gegend passiert eh nichts. Obwohl... *sieht sich vorsichtig um, Kamera auf das erstaunte Gesicht Purées:* Es gibt hier Schusswaffen.

Purée: Wie bitte? In dieser Idylle?

Miss Merwel: Ja, sogar bewaffnete Frauen kaufen hier belegte Brötchen.

Purée *fühlt sich offensichtlich nicht ernstgenommen:* Beste... Koll... Freund... Beste Miss Merwel, ich glaube, Sie haben Erholung nötiger, als Ihnen lieb ist. Ich empfehle mich. *Geht schnell ab.*

*Kamera auf das Gesicht von* **Miss Merwel***:* Ich hoffe, dass ich mich irre, werter Kollege, aber ich fürchte, das wird ein Arbeitsurlaub werden. Tja.

*Kamera Totale Miss Merwel.*

Miss Merwel *dreht sich schulterzuckend um und geht in entgegengesetzter Richtung wie M. Purée ab.*

Rosi Butterfly-Knife *tritt groß ins Bild. Sie sieht Miss Merwel nach, wobei man ihren Hinterkopf sieht, und dann in Richtung Kamera, über sie hinweg.* Wie überaus ungünstig und unerwünscht. Ich werde aufpassen müssen.

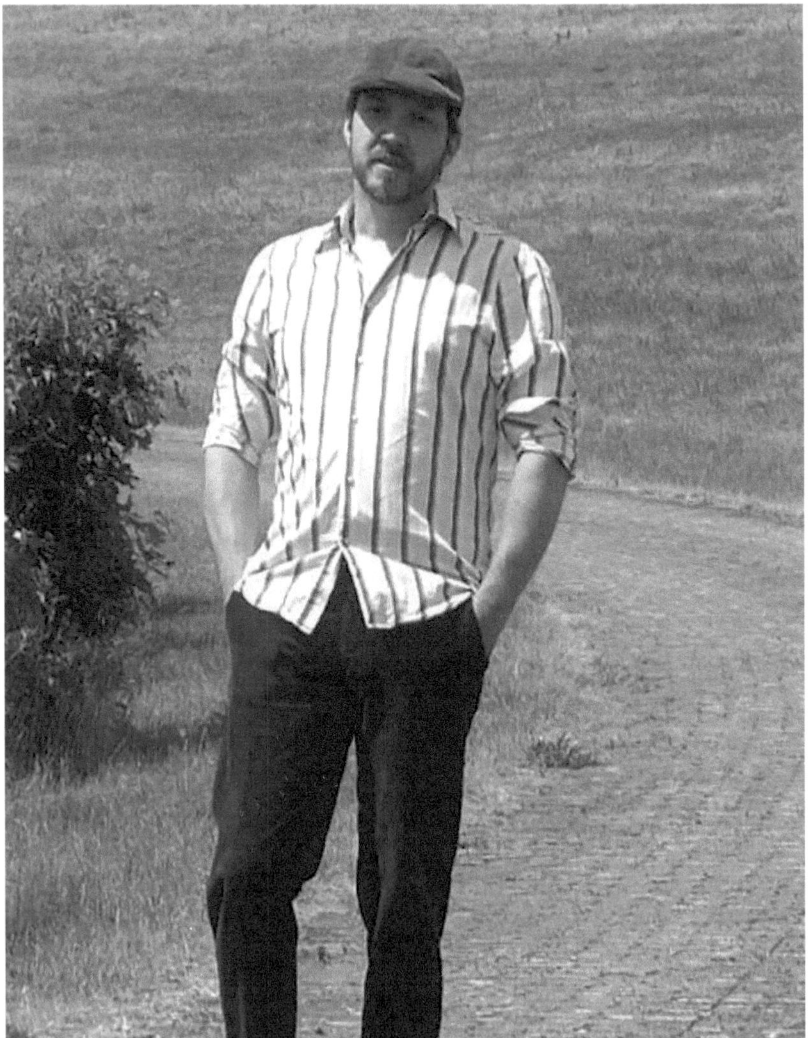

*Monsieur Herman Purée entdeckt das Unheil, äääh, Miss Merwel.*

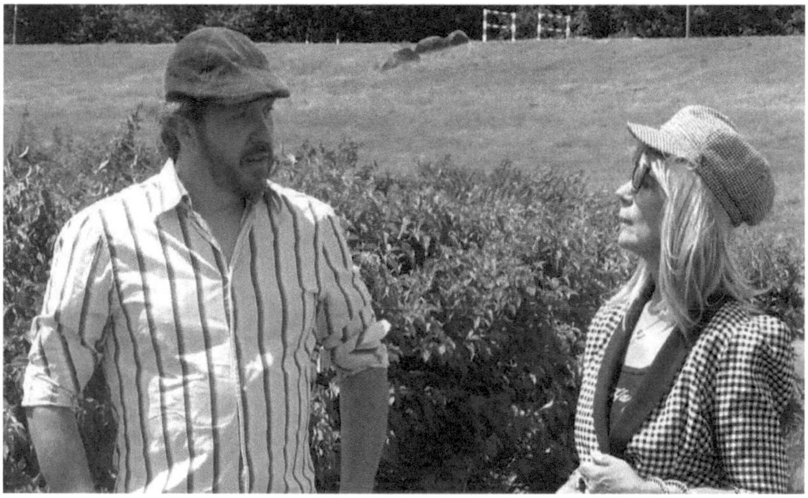

*Miss Merwel wird nicht geglaubt.*

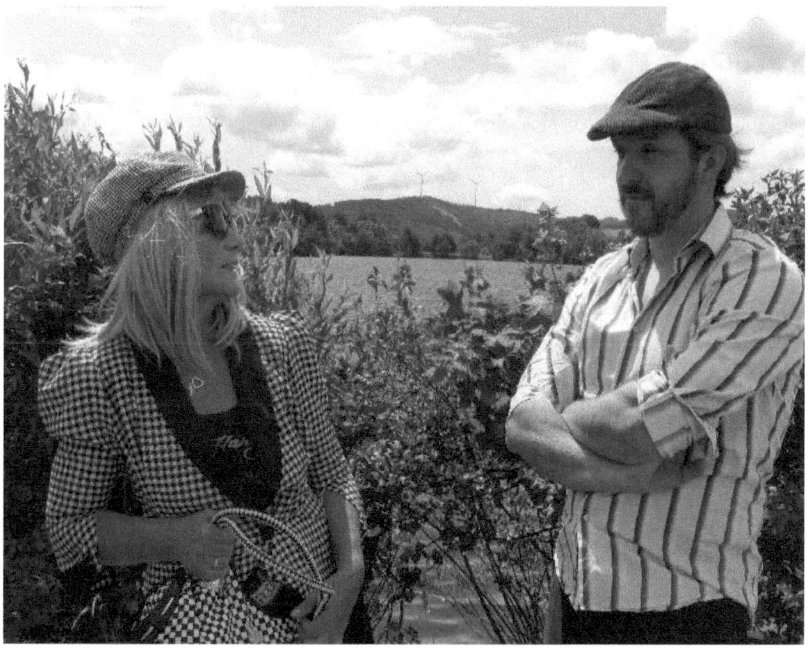

*„Sie werden schon sehen, Herr Kollege!“*

## Szene 4

Rosi *folgt Miss Merwel, geht schnell an ihr vorbei und tritt ihr in den Weg*: Miss Merwel, die weltbekannte britische Hobby-Detektivin, wenn ich mich nicht irre?

Miss Merwel: Joan Merwel, exakt. Und Sie sind?

Rosi *zückt ihren Dienstausweis:* Rosi Butterfly-Knife, Angehörige der Verteidigungskräfte der Vereinigten Staaten von Amerika.

Miss Merwel *lächelt:* Wohl eher Angehörige der Spionagetruppe der USA, meine Liebe. Nun, ich bin britische Staatsbürgerin und unterstehe damit in keiner Weise Ihrer Gerichtsbarkeit. Zudem sind wir hier in Deutschland, also auch nicht im Bereich Ihrer Jurisdiktion. Leben Sie also wohl. *Geht bestimmt und zielstrebig an Rosi vorbei.*

Rosi *tritt ihr noch einmal entschlossen entgegen.* Miss Merwel, ich bin befugt, im Namen meiner Regierung alle Gefahren, die den Interessen der Vereinigten Staaten entgegenstehen, zu bekämpfen. Und Ihre Anwesenheit hier in Breidenrössl ist eine solche Gefahr. Reisen Sie unverzüglich ab! Meine Regierung kommt für alle Kosten auf. Egal was Sie glauben hier zu finden, es ist eine sehr große Nummer zu gewaltig für Ihre Nase, die Sie in alles hineinzustecken gewohnt sind.

Miss Merwel *lächelt überlegen:* Soso, ich kleine alte Frau bin imstande, die mächtigen USA zu gefährden? Seien Sie sicher, der Witz kommt noch heute in mein Tagebuch. Und ich bin selbstverständlich gerne bereit, auf Kosten der USA aus Breidenrössl abzureisen, …

Rosi: Na sehen Sie!

MM: …sobald ich alles erledigt habe, was mich hier interessiert. Sobald ich hier fertig bin, steht Ihnen mein Konto für Überweisungen Ihrerseits an mich in beliebiger Höhe zur freien Verfügung. Guten Tag. *Lächelt und lässt eine sehr verdutzte* **Rosi** *stehen.*

Rosi *sieht ihr verdattert nach, fängt sich dann wieder. Zornig:* Na, das werden wir ja noch sehen! Alte englische Schrapnelle!

*Aus der Ferne dreht sich* **Miss Merwel** *noch einmal um:* Alte walisische Schrapnelle, bitte! So viel Zeit muss sein! Guten Tag! *Selbstbewusst ab.*

Rosi *bleibt verdattert zurück.*

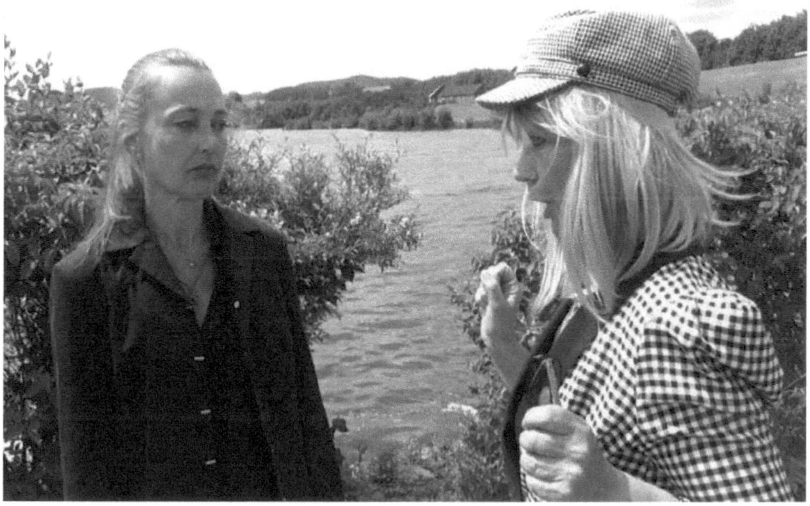

*„Sie sind gar nicht für mich zuständig."*

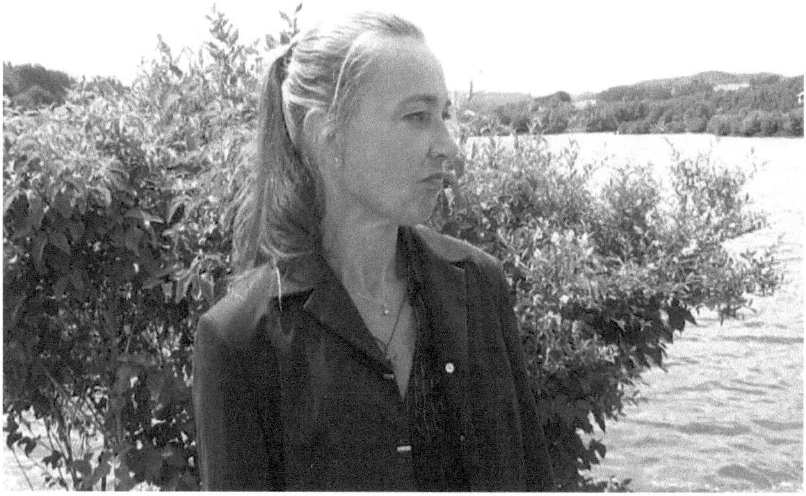

*„Alte englische Schrapnelle!“*

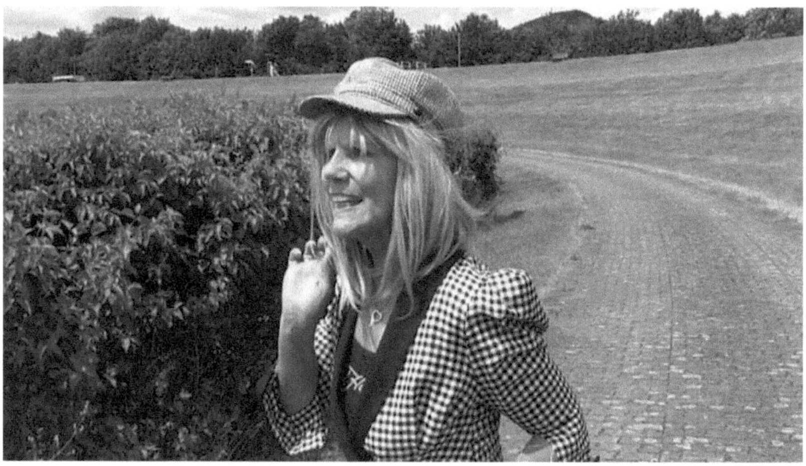

*„Alte walisische Schrapnelle, wenn schon!“*

## Szene 5

*Vor Schloss Breidenrössl:*

Gräfin *geht ihre Mauer entlang, begutachtet die unteren Gärten.*

Rosi *kommt mit Isolde die Straße entlang.*

Isolde *sieht die Gräfin:* Gnädige Frau, diese Dame wünscht…

Gräfin: Dame? Eher diese Person. Es ist gut, Isolde, ich kümmere mich darum.

Isolde *mit einem Knicks ab.*

Gräfin: Nun? Hatte ich mich nicht deutlich genug ausgedrückt? Was suchen Sie noch hier?

Rosi: Nichts, nur jemanden. Und wie ich glaube, habe ich ihn gefunden. Einen französischen Gast, Monsieur Purée. Ich muss nur kurz ins Schloss.

Gräfin: Ich führe der finanziellen Not gehorchend und aus Zuneigung zu unseren geschätzten Stammgästen ein Hotel, kein Etablissement. Sie wollen einen überaus geschätzten Gast unseres Hauses belästigen? Haben Sie gar keinen Anstand?

Rosi: Je schneller ich ihn sprechen kann, desto schneller bin ich für alle Zeiten verschwunden. Er wird sich von einer Dame nicht gestört fühlen.

Gräfin: Monsieur schätzt die Ungestörtheit unseres Hauses und verabscheut Geschwätz. Selbst bei einer Dame würde es ihn stören, aber bei einer ordinären Frau wie Sie es sind; nein, da steht er darüber. Versuchen Sie ihr Glück morgen, und verschwinden Sie dann. *Geht Rosi scharf ansehend die Straße weiter hinunter.*

Rosi *wartet, bis die Gräfin verschwunden ist und geht in entgegengesetzter Richtung ab:* Lang lebe die Amerikanische Revolution, die uns von den Adeligen befreit hat! Was kann eine Guillotine doch für eine sinnvolle und erfreuliche Erfindung sein!

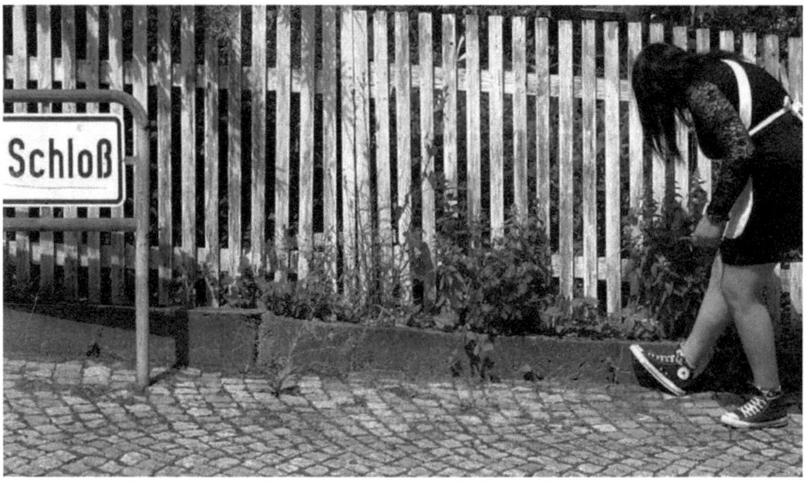


*Isolde „arbeitet".*

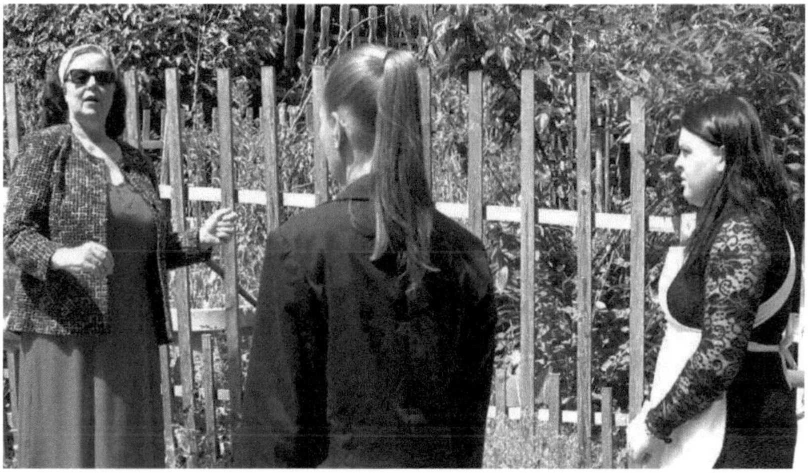

*„Ich habe Ihnen doch gesagt, Sie sollen verschwinden!“*

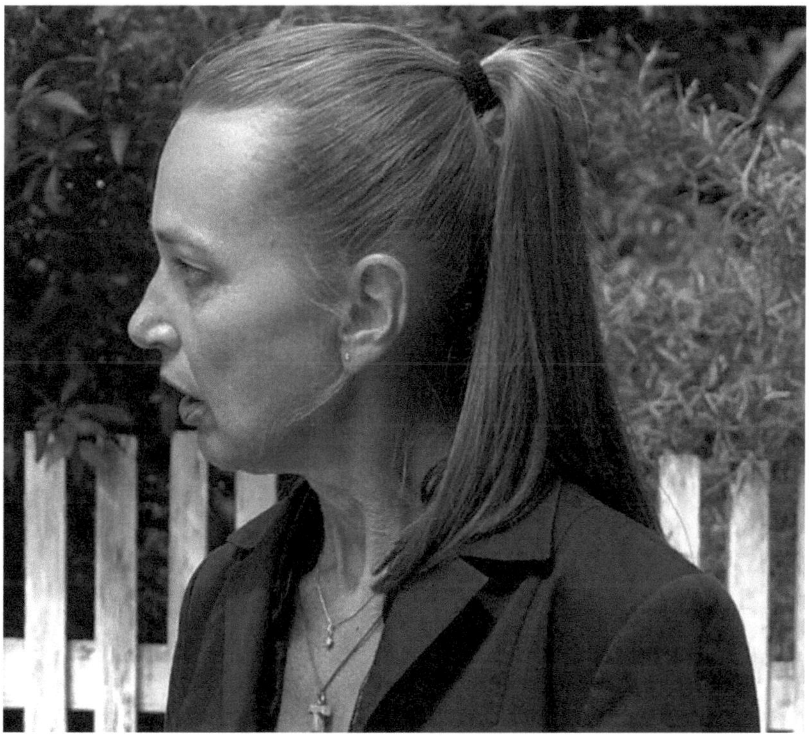

*„Ich muss nur kurz mit einem Ihrer Gäste…“*

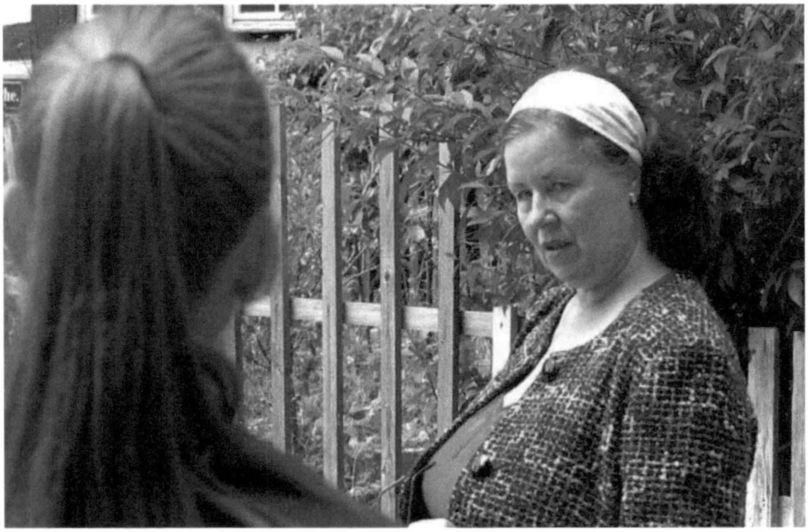

*„Monsieur würde eine Dame empfangen, aber so etwas wie Sie? Niemals!“*

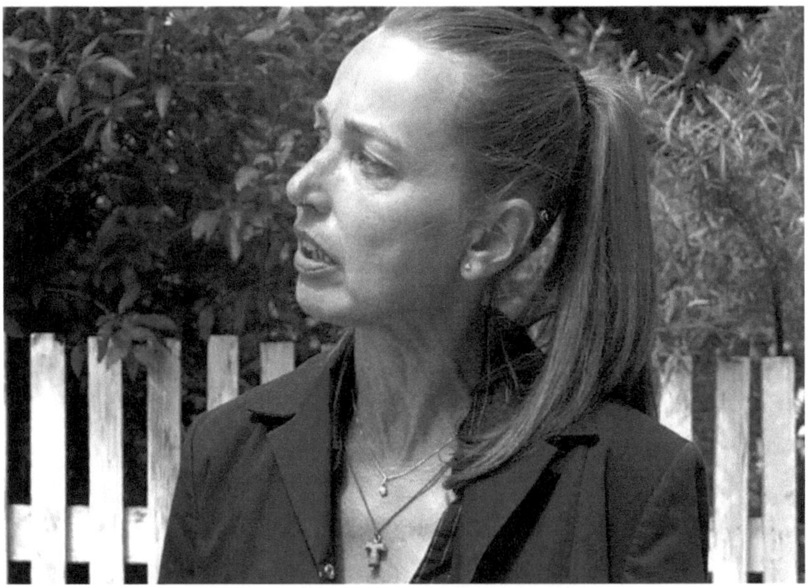

*„Was für eine angenehme und sinnvolle Erfindung doch eine Guillotine sein kann!“*

## Szene 6

*Im Garten*

Gräfin: Isolde?

Isolde: Gnädige Frau?

Gräfin: Ich möchte diese Person nicht mehr im Haus haben, außer, sie hat wirklich einen für geistig normale Menschen nachvollziehbaren Grund. Oder sie verlangt einen unserer Gäste zu sprechen, das kann ich leider nicht unterbinden. Aber ich selbst bin für diese Person nicht mehr zu sprechen. Haben Sie das verstanden?

Isolde: Jawohl gnädige Frau.

Gräfin: Ich muss versuchen, die Detektive von ihr fernzuhalten. Ich habe keine Ahnung was die hier alle wollen. Schlimm genug, dass die CIA aufmerksam geworden ist und scheinbar beginnt, eins und eins zusammen zu zählen. Sehr ärgerlich das Ganze, sehr, sehr ärgerlich.

Isolde: Jawohl, gnädige Frau.

Gräfin *sieht Isolde tadelnd an:* Was soll das heißen? Sie wissen doch gar nicht, wovon ich rede?

Isolde: Nein, gnädige Frau.

Gräfin: Sie treiben mich noch in den Wahnsinn.

*Verärgert ins Haus.*

Isolde *folgt ihr grinsend, bleibt dann zurück, geht zurück in den Garten.* Schön hier. Ich denke, ich mache jetzt schon mal Pause. Naja, vielleicht die erste Sonderpause für heute. Man soll ja nichts übertreiben, schon gar nicht das Arbeiten, Das macht einem ja den schönsten Tag kaputt.

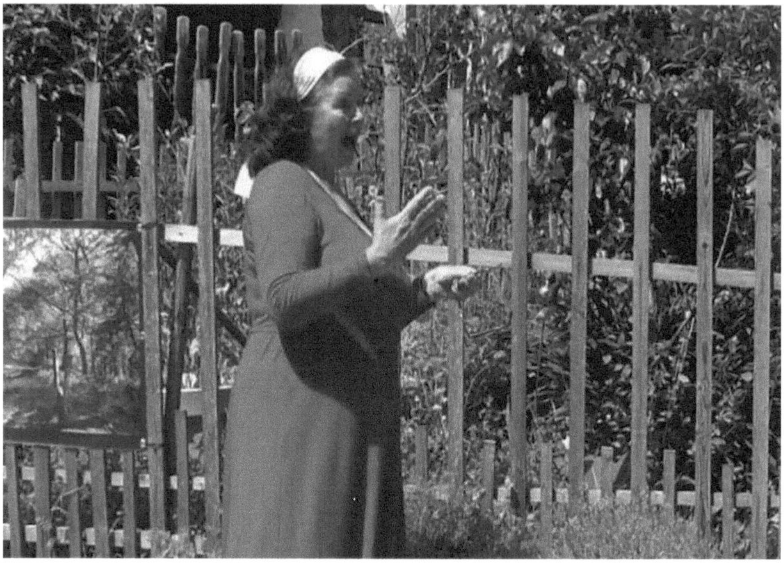

*„Sie verstehen doch gar nicht, wovon ich rede!“*

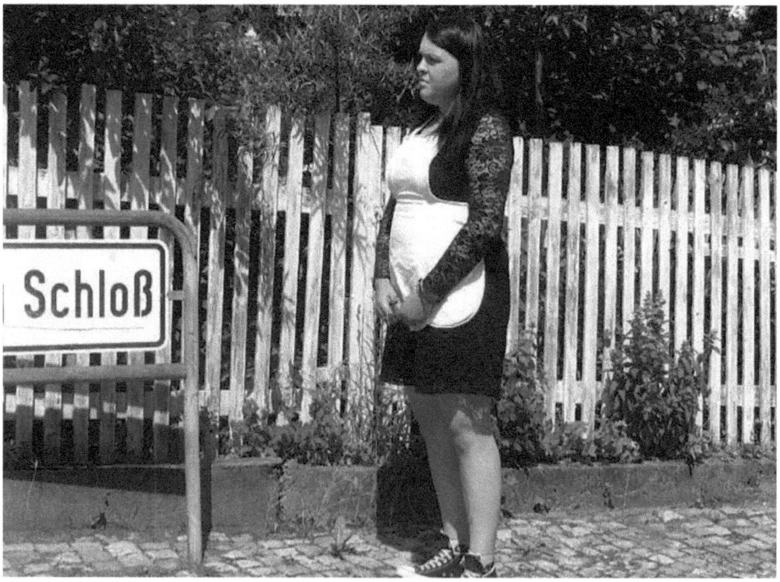


*Es geht alles vorüber, es geht alles vorbei, die Arbeit, die Hektik, der Chefin Geschrei…*

## Szene 7

*Isolde genießt offensichtlich ihre Pause.*

Hinterwaldler *auf der anderen Seite des Zaunes.* Entschuldigen Sie bitte! Ist die Frau Gräfin zu sprechen?

Isolde: Möglicherweise. Für wen? In welcher Angelegenheit?

Hinterwaldler: Mein Name ist Hinterwaldler, von der Hinterländischen Presse. Hier meine Karte. *Reicht eine Visitenkarte über den Zaun.*

Isolde *liest die Karte desinteressiert durch:* Ja und?

Hinterwaldler: Ich hätte einige Fragen an die Frau Gräfin bezüglich ihrer Ländereien, die zu verkaufen sein sollen. Warum in so großem Umfang Ländereien veräußert werden sollen und ob die Öffentlichkeit sich Sorgen machen muss. Immerhin hängen nicht wenige Arbeitsplätze an den Besitzungen der Grafen von Breidenrössl. Da sollte die Öffentlichkeit…

Peacemaker *nähert sich mit von der Kapuze seines Hoodys verdecktem Gesicht unbemerkt von den beiden dem Hof des Schlosses, bemerkt auf einer Bank einen vergessenen Hammer, nimmt ihn an sich.*

Isolde: … sich nach Meinung der Frau Gräfin ganz sicher raushalten. Sie erfahren schon, was Sie schreiben dürfen, wenn es so weit ist. Und jetzt sehen Sie zu, dass Sie Land gewinnen. *Wirft die Visitenkarte über den Zaun. Geht brüsk ab.*

Hinterwaldler: Also so was! *Wendet sich verärgert zum Gehen.* Ich will dann mal zurück zum See, wer weiß, was es heute noch für interessante Dinge zu erfahren gibt? Immerhin sind Seegrundstücke die wertvollsten. *Ab*

Isolde *bemerkt den ihr unbekannten Peacemaker.* Hallo, Sie da, wer sind Sie? Sind Sie ein Gast?

Peacemaker *verharrt stumm mit dem Rücken zu Isolde.*

Isolde *wird es unheimlich:* Wenn Sie nicht sofort antworten, werde ich rufen!

Peacemaker *dreht sich drohend um, geht auf Isolde zu.*

Isolde *ängstlich:* Ich rufe die Polizei! Ich schreie!

Peacemaker *zieht ein Messer, ersticht Isolde fast im Vorübergehen:* Nein, wirst du nicht!

*Zoom auf Isoldes entsetztes Gesicht.*

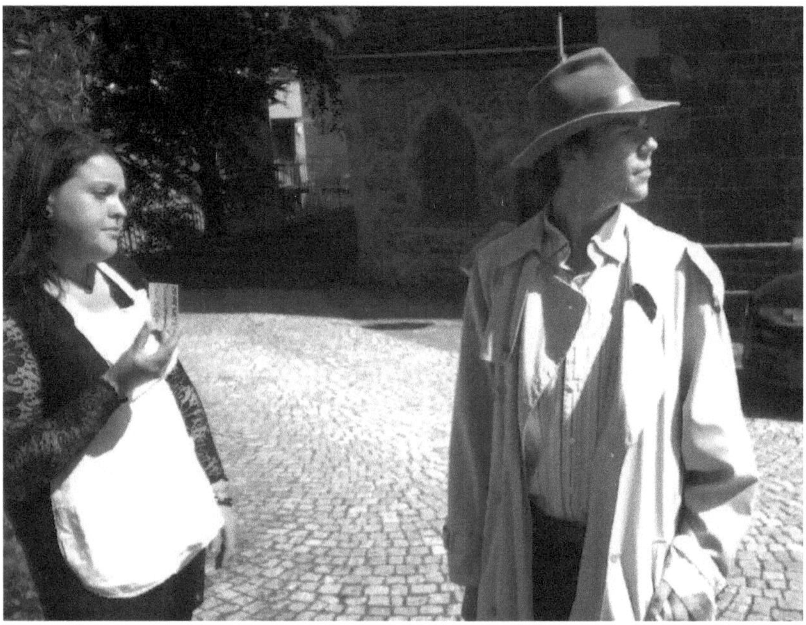

*„Von der Presse, ja und?"*

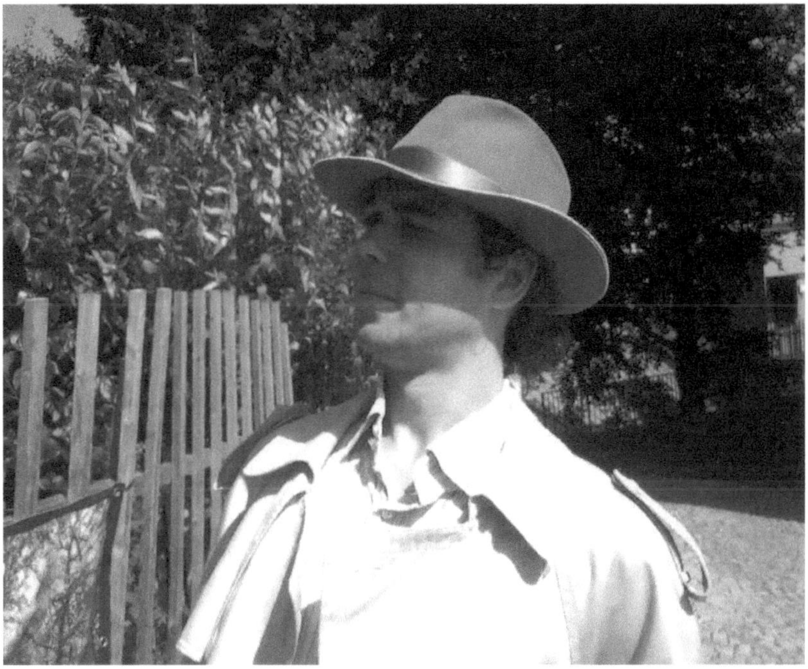

*„Also so was!“*

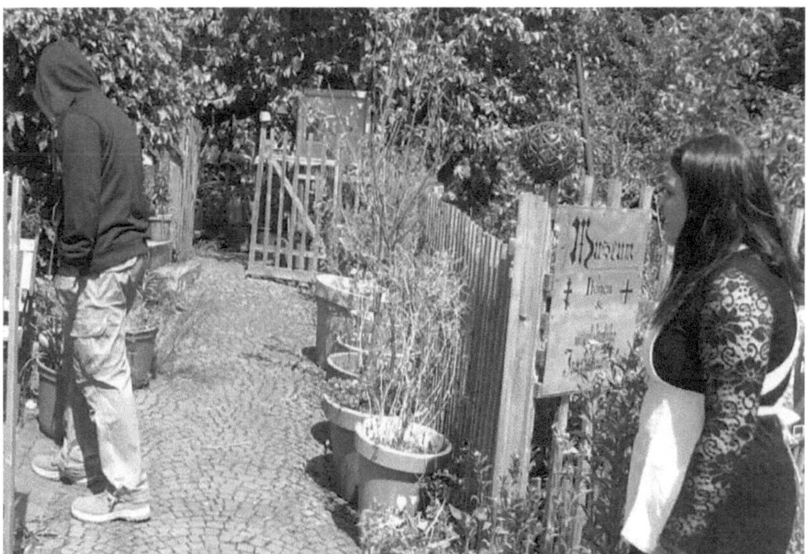


*„Hallo? Wer sind Sie?“*

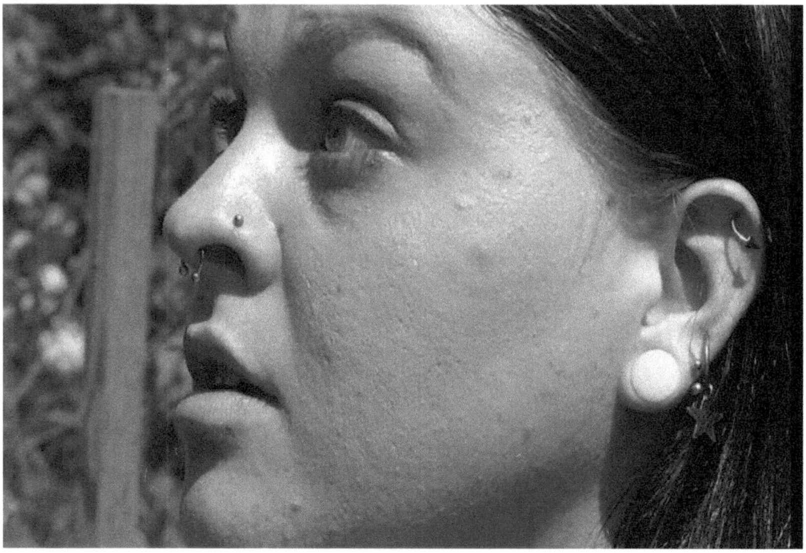

*„Ich rufe! Ich schreie!“*

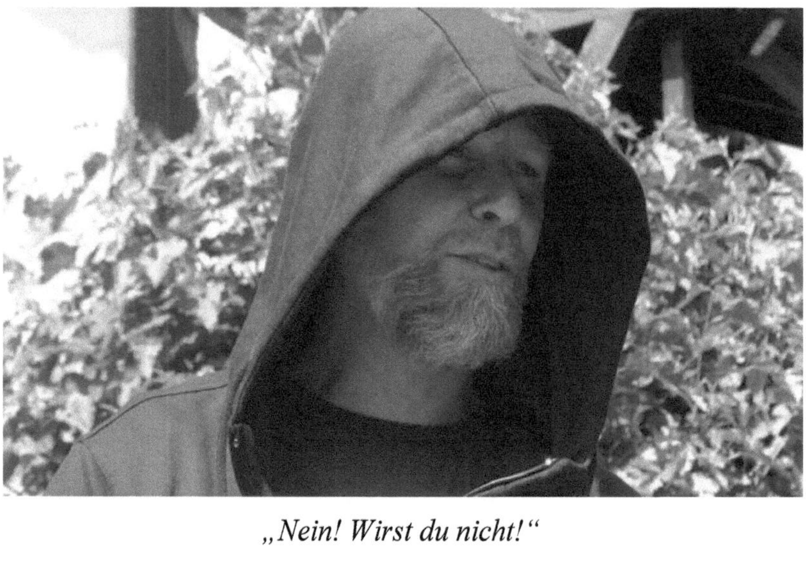

*„Nein! Wirst du nicht!“*

## Szene 8

*Vor dem Hof der Viehwegers:*

Knöber-Musterhagen *klingelt an der Tür, hinter der Tür sind Mutter und Sohn Viehweger im Streit zu hören: Nein, der bekommt gar nicht! Ach, halt doch den Mund, Sohn ec. Die Mutter öffnet die Tür.*

Knöber-Musterhagen: Frau Viehweger, Sie sind doch eine vernünftige Frau. Mit ihrem Sohn da rede ich gar nicht mehr, der ist ja ein Hitzkopf wie er im Buche steht. Und immerhin gehört das Land ja immer noch Ihnen und noch nicht dem Heißsporn da.

Edith Viehweger: Ja, die Bäuerin bin noch ich, aber ich will meinen Sohn nicht übergehen. Wir reden hier über sein Erbe.

Knöber-Musterhagen: Ach was, der kann auch einen ganzen Haufen Geld erben, der braucht kein Land!

Viehweger Junior: Ich bin und bleibe Bauer, und ich will das Land behalten! Haben Sie verstanden! Wenn Sie meine Mutter dazu bringen, Ihnen unser Land zu verscherbeln, dann heißt das Krieg! Krieg bis aufs Messer! Haben Sie mich verstanden?

Edith: Karl-Hermann, Junge, hör auf hier auf der Straße andere Menschen zu bedrohen! Man könnte dich hören!

Junior: Ach lasst mich doch alle in Ruhe! *Stürmt davon.*

*Kamera auf die beiden Älteren.*

Junior *dreht sich nochmal um:* Wehe, Mutter! Das heißt Krieg! Dann werdet ihr schon sehen!

Edith: Ich muss mich für meinen Sohn entschuldigen. Aber er hängt so an dem Hof!

Knöber-Musterhagen: Aber deshalb kann er mit mir doch nicht so umspringen und mich hier vor allen Leuten so anschnauzen und bedrohen! Das muss ich mir überlegen, ob ich da nicht Anzeige erstatte. Immerhin war das eine veritable Morddrohung! Messer ist ja wohl eindeutig. Und das hier in der Öffentlichkeit. *Wird lauter:* Das muss ja jeder im weiten Umkreis mitbekommen haben, dass er mir mit dem Tod gedroht hat! Mit dem Messer! Da muss ich schon aus reiner Vorsicht Anzeige erstatten!

Edith: Nein, bitte nicht! Wir werden uns schon einig werden! Aber bitte keine Anzeige!

Knöber-Musterhagen: Dann müssen Sie mir beim Preis noch deutlich entgegenkommen. Es ist ja immerhin auch im Interesse der Allgemeinheit, wenn hier endlich auf die nutzlosen Äcker Industrie hinkommt und ein Sägewerk. Ich kann Ihren Sohn ja verstehen, er ist so rührselig wie so viele junge Menschen heute, die so viel vom einfachen Leben reden und doch die Realität gar nicht verstehen werden. Eine florierende Wirtschaft ist Realität, Landwirtschaft wird eh bald nicht mehr existieren. Das Essen produzieren demnächst viel besser und gesünder Labore, Bauern braucht man da nicht mehr. Er soll das reelle Geld nehmen, das ich biete und sich eine Arbeit suchen, die Zukunft hat. Ich meine es doch nur gut mit Ihnen beiden.

Karl-Hermann *rennt zornig weg.*

Edith: Ich muss Karl-Hermann nach, vielleicht bringe ich ihn doch noch zur Vernunft. *Eilt ihm nach.*

Knöber-Musterhagen *überlegen grinsend:* Der Tag ist ja besser gelaufen als zu hoffen war.

*Murmelt vor sich hin:* Aber den Jungen muss ich im Auge behalten, der ist mir zu aufbrausend. Wenn der in Rage ist, dann ist der zu allem fähig. Das muss man verhindern. Obwohl,... *bleibt stehen, lächelt, ...* eigentlich finde ich ihn gut, er ist genauso, wie ich als junger Mann war. Ich sollte mich mal mit ihm zusammensetzen und vernünftig mit ihm reden. Eigentlich sollten wir uns zusammenraufen können. Mal sehen. Hauptsache, ich kriege den Baugrund und die Chinesen kaufen bei mir statt bei der Alten. *Sieht den beiden besorgt nach:* Oder ist der cleverer als ich gedacht habe? Der hat doch wohl nicht Wind von den Chinesen bekommen und will selbst das Geschäft machen? Das wäre ja übel! *Ab*

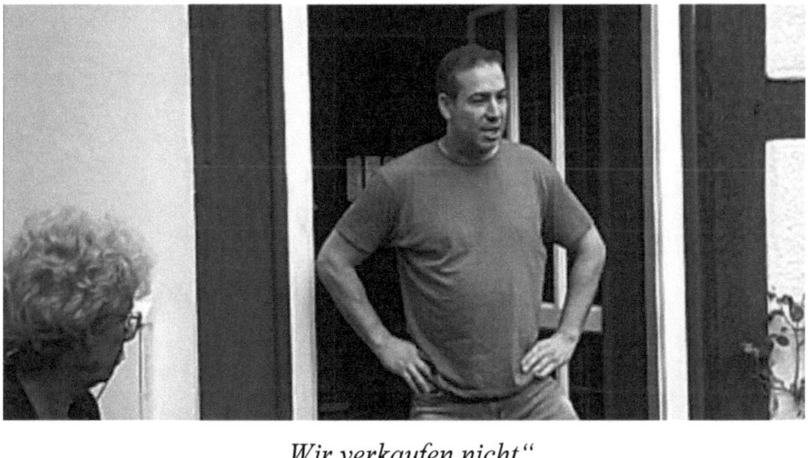

*„Wir verkaufen nicht"*

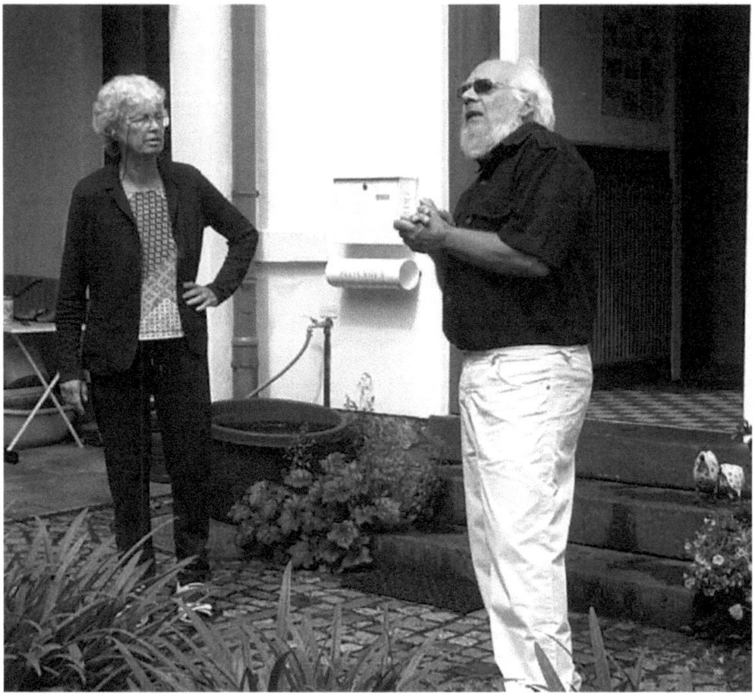

*„Ihr Sohn ist ein Träumer, wie so viele junge Leute!"*

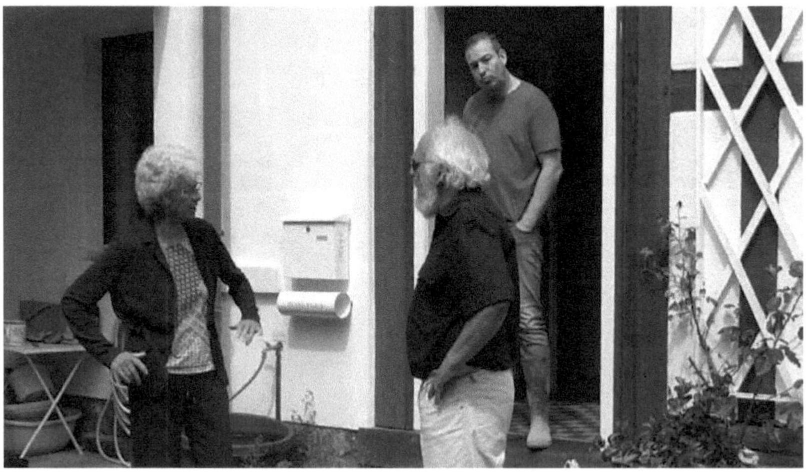

*„Ich rede nur mit Ihnen, Frau Viehweger!"*

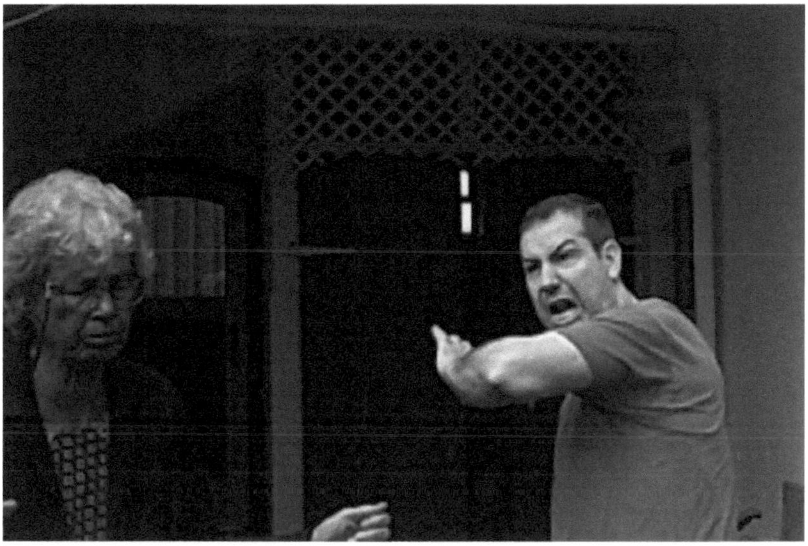

*„Gar nichts kriegt der! Nur Krieg bis aufs Messer!“*

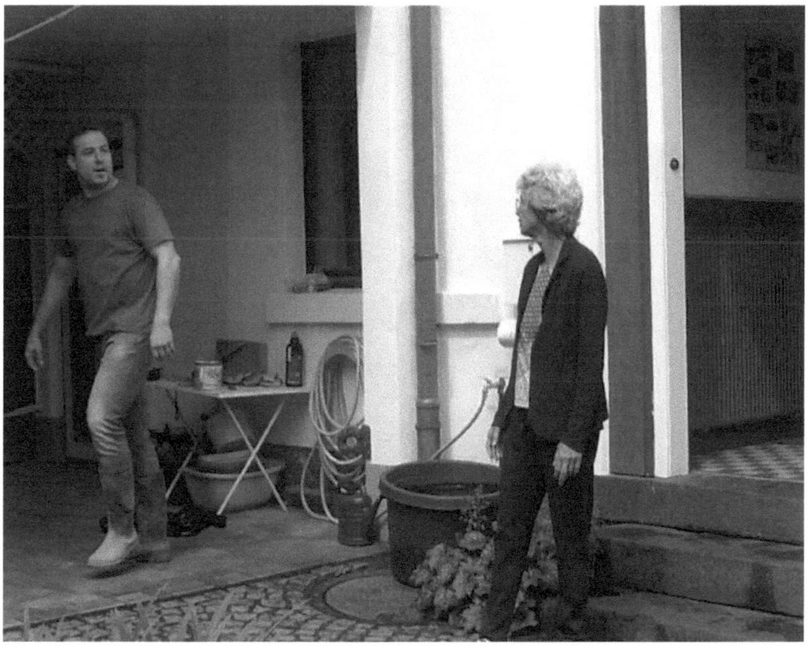

*„Du wirst es schon sehen!“*

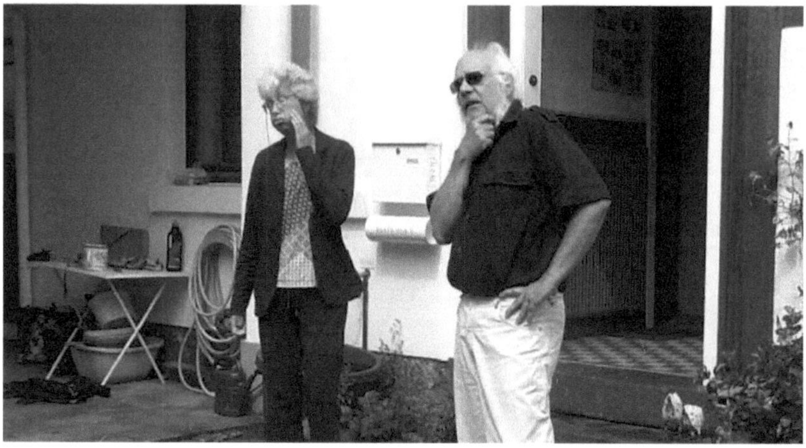

*„Ich überlege eine Anzeige wegen Bedrohung!“*

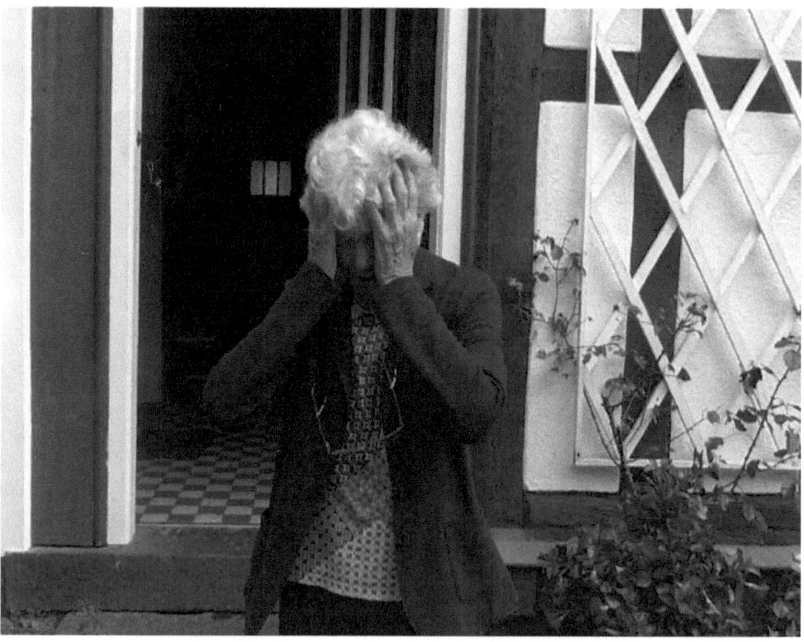

*„Ach Junge, der Junge! Nur keine Anzeige!“*

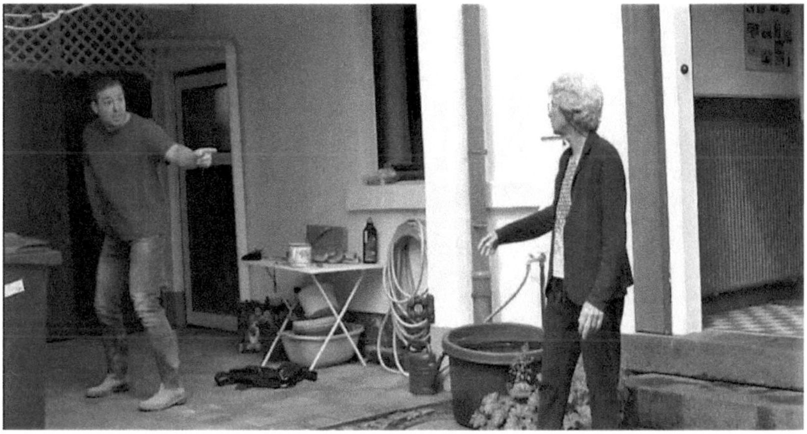

*„Wehe, Mutter!“*

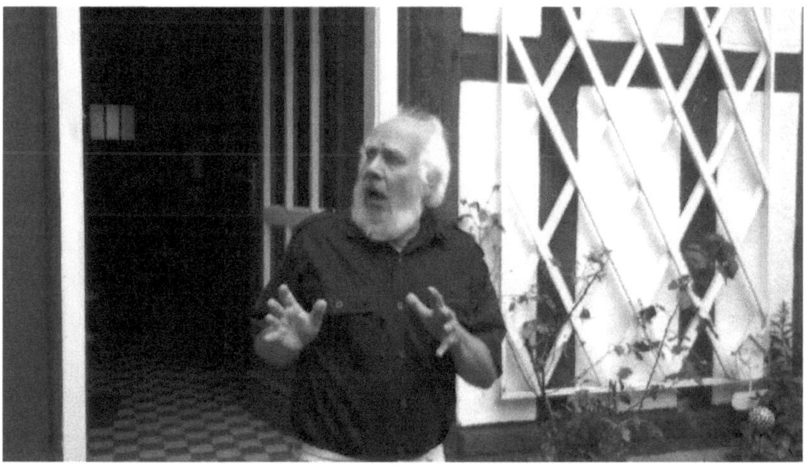

*„Wie schnell Angst doch…“*

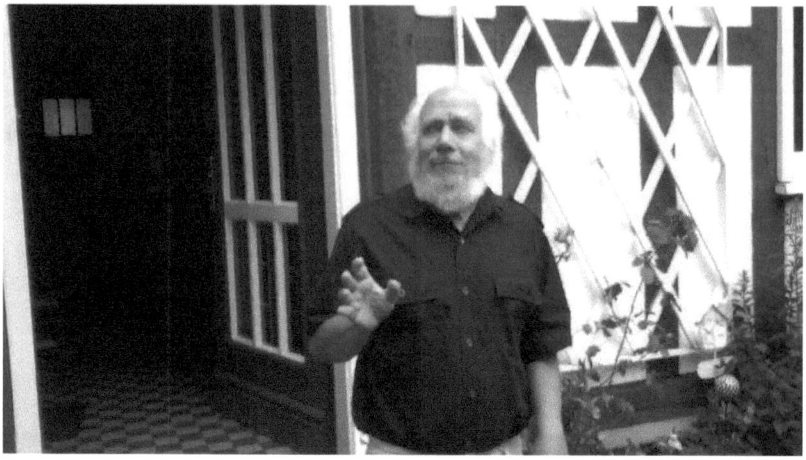

*„...verfliegen kann!"*

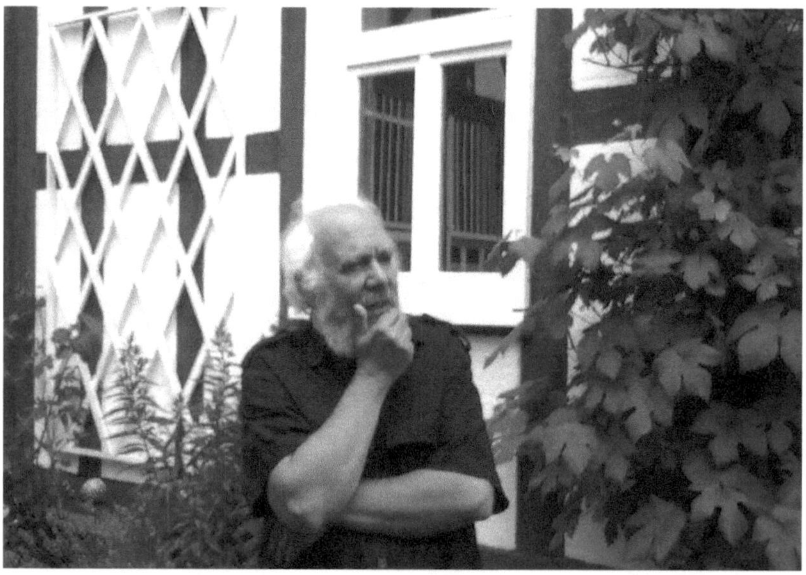

*„Der hat doch wohl keinen Wind bekommen von der Sache mit den Chinesen?"*

## Szene 8a

Edith Viehweger *läuft ihrem Sohn zur Tür zur hinteren Straße nach, holt ihn in der offenen Tür ein*: Junge, bleib stehen! Karl-Hermann!

Junior *verdreht die Augen, stöhnt, bleibt mit hängenden Armen stehen:* Was ist denn noch? Was soll das Rumgeplärre auf der Straße?

Mutter Viehweger *holt ihn ein:* Was? Ich plärre rum? Was war das denn dann eben für ein Auftritt von dir? Um mich musst du dir keine Sorgen machen, wenn es ums Rumplärren geht. Wirklich nicht.

Junior: Ist ja schon gut. Was noch? Ist doch eh alles gelaufen. Was ich will, interessiert dich doch gar nicht. Du willst verkaufen, also wirst du verkaufen. Also? Was ist noch zu bereden?

Mutter: Karl-Hermann, denk doch mal nach. Sei doch einfach mal vernünftig. Rechne durch, ob das, was du willst, überhaupt so noch geht. Und dann geh zum Knöber. Red mit ihm. Setzt euch zusammen wie erwachsene Männer und findet eine Lösung. Aber schlagt euch nicht gegenseitig tot dabei! Ihr seid beide dieselben Rechthaber und Betonköppe, einer wie der andere. Eigentlich müsstet ihr prima miteinander auskommen.

Junior: Ist ja gut! Mann, hab ich ein Pech; meine Mutter verbündet sich mit dem Knöber. Definitiv nicht mein Tag heute!

Mutter: Ach komm, so schlimm kann das doch nicht sein! Red einfach mit ihm und einigt euch! Du willst ihn doch wohl nicht wegen so was erschlagen!

Junior: Ach, das wäre natürlich auch eine Idee! Da bin ich ja noch gar nicht darauf gekommen! Lass mal kurz nachdenken!

Mutter *sieht sich vorsichtig um:* Halt den Mund, wenn dich einer hört! Hinterher wird der Knöber tatsächlich ermordet, und du bist sofort verdächtig!

Junior: Stimmt, dafür sollte ich mir jemand anderes aussuchen. Bei dem dürfte die Schlange derjenigen, die auf eine Gelegenheit warten, viel zu lang sein, so beliebt wie der überall ist! Aber eins sage ich dir: Ich will den Hof behalten! Darüber diskutiere ich nicht!

Mutter *resigniert:* Und was wenn nicht?

Junior: Dann bin ich hier ganz weg und du siehst mich nie wieder. Verlass dich drauf! Du lernst deine Enkel nie kennen!

Mutter: Welchen Enkel denn? Junge, ist da eine schwanger von dir? Etwa die, die die letzten Tage dauernd ums Haus geschlichen ist? Du, die kenn ich! Die ist ein Flittchen wie es im Buche steht! Die geht mit jedem ins Bett!

Junior: Naja, wenn mit jedem, dann falle ich in der Reihe ja nicht auf! *Grinst sehr breit.*

Mutter *erbost:* Karl Hermann! So habe ich dich nicht erzogen! Sag mir: Ist das Weibsbild schwanger von dir?

Junior *sehr ruhig:* Wie gesagt, verkauf den Hof, und du wirst es nie erfahren! *Ab*

Mutter: Gibt's denn sowas! Endlich ein Enkel und dann von so einer! Und mich bedrohen, nur weil ich den Hof von der Backe haben will! Aber warte ab, Freundchen, warte du nur ab! Ich werde dich’s lehren, mit mir zu spielen! Ein Enkel? Dann wird erwachsen und kümmere dich um den Hof als Lebensgrundlage für dich und Frau und Kind! Dann geht's zum Notar und der Hof wird überschrieben! Samt Altbäuerin mit lebenslangem Einsitzrecht auf dem Altenteil! Haha! Dich werd' ich Mores lehren!

*Junior nach ab.*

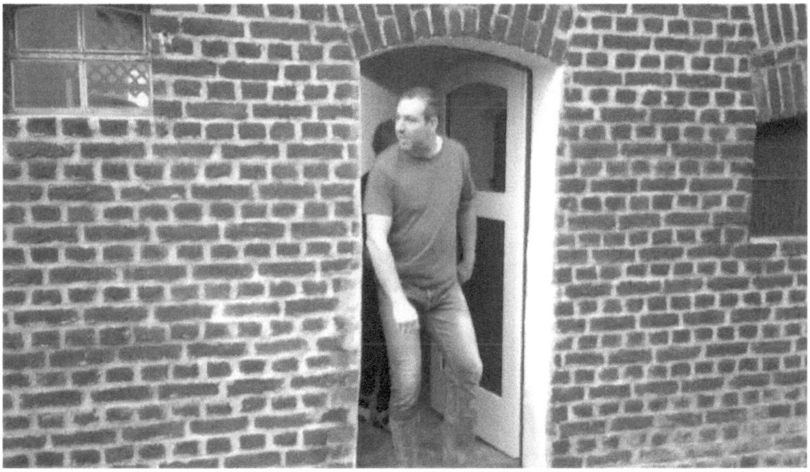

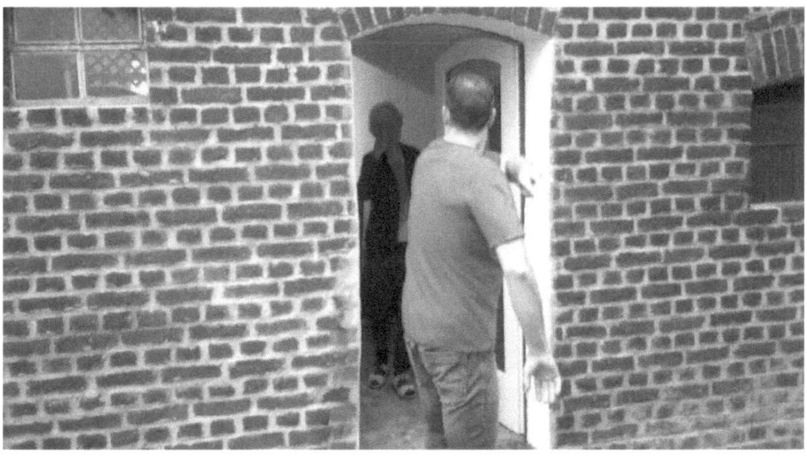

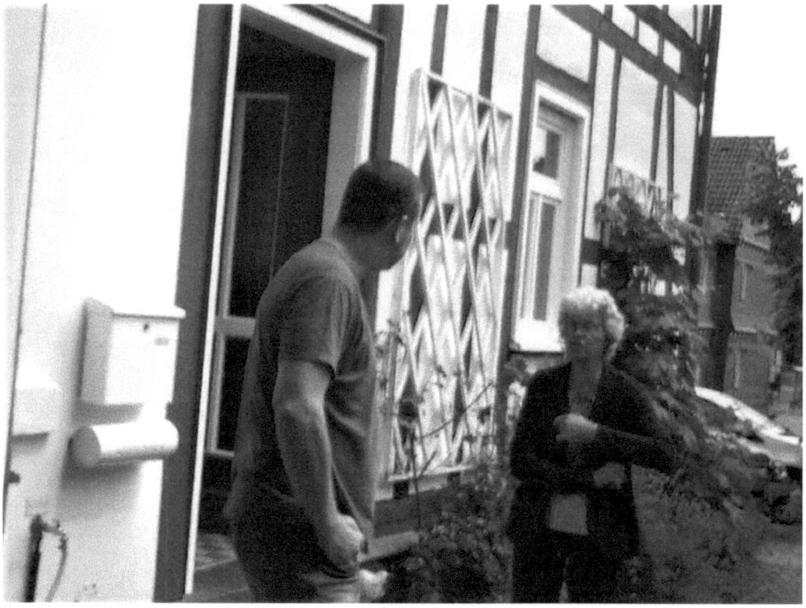

*„Dann erfährst du nie, ob du einen Enkel hast!“*

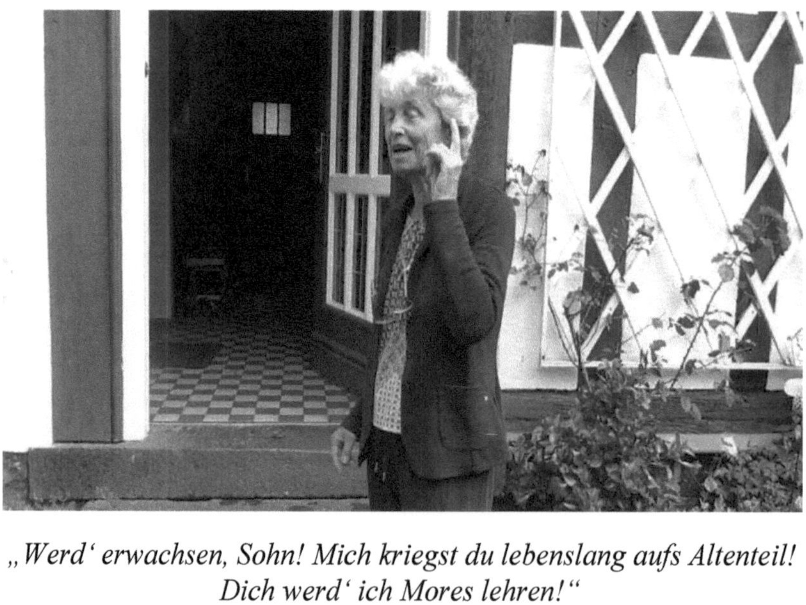

*„Werd‘ erwachsen, Sohn! Mich kriegst du lebenslang aufs Altenteil!
Dich werd‘ ich Mores lehren!“*

## Szene 9

Knöber-Musterhagen *rennt empört durch die Gassen, entdeckt den Kommissar:* Hallo, Sie da!

Kneterborg: Wer? Ich?

Knöber-Musterhagen: Ja, Sie. Sie sehen aus wie einer von der Polizei. Wo geht das? Ich muss eine Anzeige erstatten, wegen Morddrohung.

Kneterborg; Morddrohung? Das ist ja interessant.

Knöber-Musterhagen: Ja, allerdings. So ein junger Kerl aus der Nachbarschaft will mir ums Verrecken nicht seine Grundstücke verkaufen, aber eigentlich gehören die seiner Mutter und er hat noch gar nichts zu melden. Und da bedroht der Saukerl mich doch eben hier in aller Öffentlichkeit! Ich möchte Anzeige erstatten.

Kneterborg: Und wegen so was halten Sie mich an? Wegen Nachbarschaftsstreit? Haben Sie noch alle Tassen im Schrank? Hat der Nachbar Sie etwa umgebracht?

Knöber-Musterhagen: Nein, natürlich nicht! Das sehen Sie ja wohl selbst!

Kneterborg: Sehen Sie, hat er nicht. Also bin nicht für Sie zuständig. Ich kümmere mich um Sie, sobald er erfolgreich war. Ich bin nämlich von der Kripo Abteilung Mord. Solange Sie es mir noch selbst erzählen können, bin ich nicht für Sie zuständig. Verstanden?

Knöber-Musterhagen: Ach ja, und was muss passieren, bis Sie mich anhören?

Kneterborg: Erst wenn der junge Kerl seine Arbeit erledigt hat, kümmere ich mich um Sie. Und bis dahin lassen Sie mich gefälligst in Ruhe und langweilen die Kollegen auf der Wache mit Ihrem Nachbarschaftskram. Dafür habe ich keine Zeit. Verstanden?

Knöber-Musterhagen: Das ist ja wohl die Höhe! Ich werde mich über Sie beschweren! *Dreht sich um, geht die Gasse hinauf, bleibt stehen und ruft zurück*: Ich werde alles ans Tageslicht bringen! Alles! Ich mache alles öffentlich! Auch das, was unter dem Teppich bleiben soll! Jawohl!

*Ein Fenster über der Szene schließt sich leise.*

Kneterborg: Ach, tun Sie, was Sie nicht lassen können!

*Geht die Straße hinunter.*

Knöber-Musterhagen *wutentbrannt die Gasse hinauf:* Alles! Alles bringe ich ans Tageslicht! So lasse ich mich nicht behandeln. So nicht!

*Kommt am Portal vorbei, das sich öffnet. Hände in Handschuhen zu sehen; eine umfasst seinen Hals von vorne, die andere stößt ein Messer in sein Genick; und ziehen ihn in den Raum hinter dem Portal.*

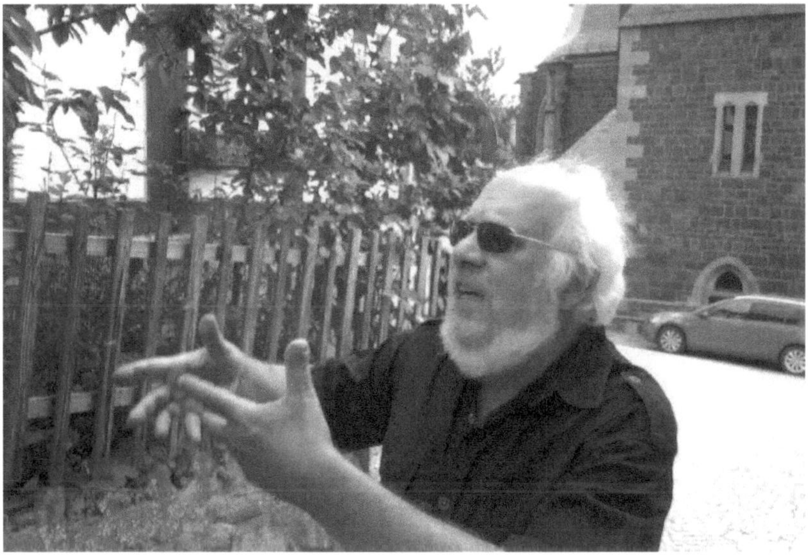

*„Ich muss Anzeige erstatten!"*

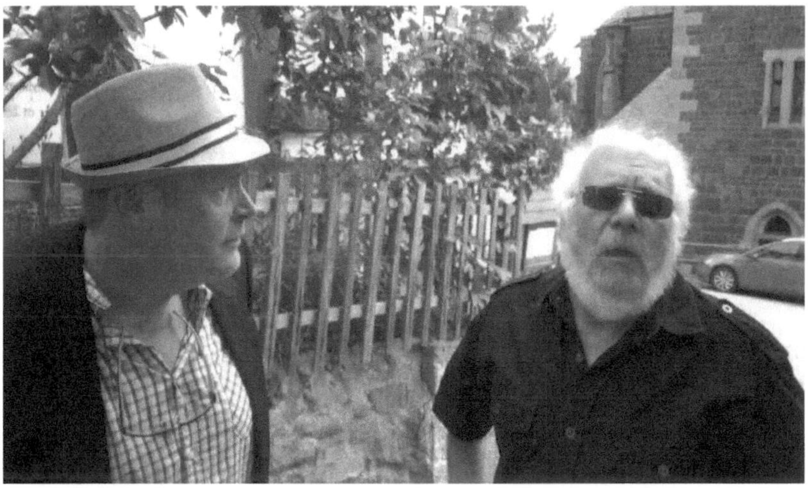

*„Sind Sie wahnsinnig, mich wegen so etwas anzuhalten?"*

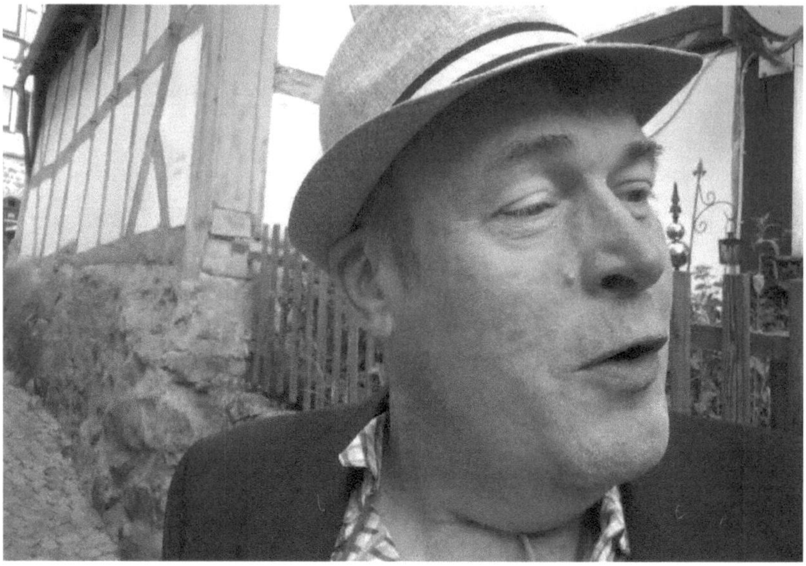

*„Wenn der junge Kerl seine Arbeit erledigt hat, bin ich für Sie zuständig, nicht früher.“*

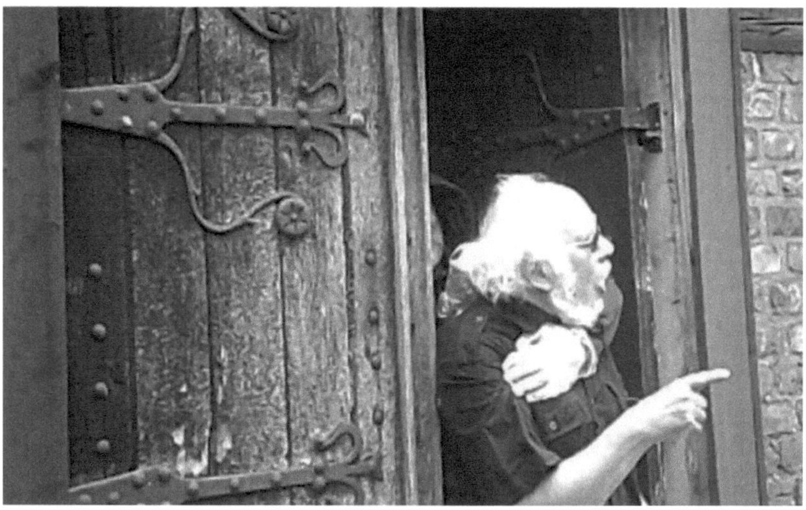

*Er wird nichts mehr ans Licht bringen, auch nichts, was unter der Decke gehalten werden sollte.*

## Szene 10

Kommissar Kneterborg *vor Schloss Breidenrössl:* Was für eine Luft! Was für ein Vergnügen hier zu sein! *Schließt die Augen, atmet tief ein und aus. Öffnet die Augen, richtet sich die Kleidung:* Aber genug des Urlaubgefühls. Das Land Hessen zahlt mir die Dienstreise aus Marstallberg hierher ja nicht, weil ich tief durchatmen muss. *Sieht sich um:* Irgendwo hier muss doch dieser vermaledeite Keller sein? Unfassbar, wie riesig dieser Kasten ist. *Zieht einen handbeschriebenen Zettel aus der Tasche, liest ihn durch:* Die erste Spur ist im Keller unter dem linken Flügel. Suche am Boden! Sieh genau hin! *Er findet eine Kellertür, die nur angelehnt ist, zieht sie auf, geht hinein*: Hallo? Ist da jemand? Ich bin Kommissar Kneterborg in einer offiziellen Untersuchung! Hallo! *Betritt den Keller.* Ach ja, was für ein eindrucksvolles Bauwerk. Geschichte pur. Ist bestimmt alt. Hmm. Stürzt bestimmt bald ein. Alles alter Mist.

*Zieht seine Taschenlampe aus der Tasche, leuchtet den Raum aus, am Boden entlang. Entdeckt das Loch in der Wand, leuchtet hinein. Er sieht die Hand des Skeletts, darin die Dose. Er sich Handschuhe an, zieht die Dose heraus und öffnet sie, entdeckt darin Bernsteine und einen Zettel. Faltet den Zettel auf und entziffert langsam die Deutsche Schrift:* Die Steine aus der Randverzierung am oberen Rand des Mosaiks an der Ostwand rechts. *Sieht in die Schachtel, schließt sie:* Also doch! Eine Leiche, die diese Dose festhält. Bernstein aus einer Wandverkleidung in einem Zimmer mit Bernstein an den

Wänden und Steinbildern! Das ist doch tatsächlich ein Teil des Bernsteinzi….

*Ein Schuss, Kneterborg zuckt zusammen, fällt zu Boden. Die Dose fällt aus seiner Hand, die Hand bleibt im Bild bis zum Ende der Szene. Die Dose liegt neben der Hand, Schritte nähern sich; eine Hand im Handschuh greift nach der Dose, hebt sie aus dem Bild. Sich entfernende Schritte. Die Tür wird geschlossen und hörbar verriegelt.*

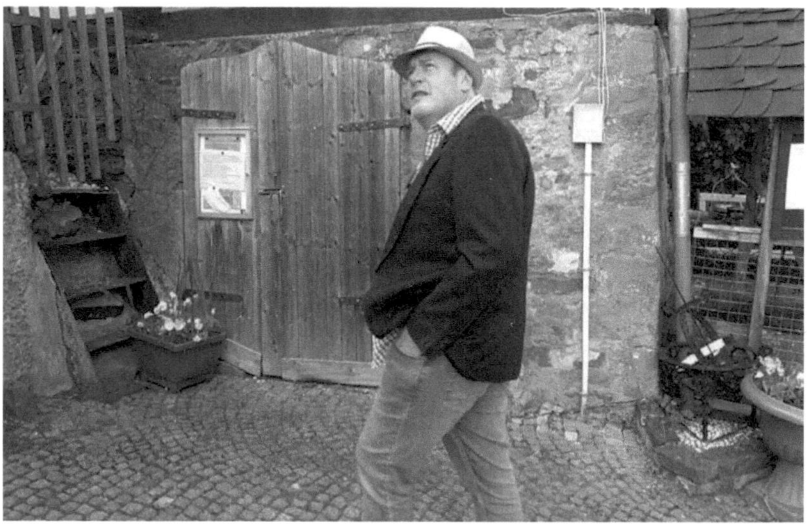

*„Ob das hier ist?“*

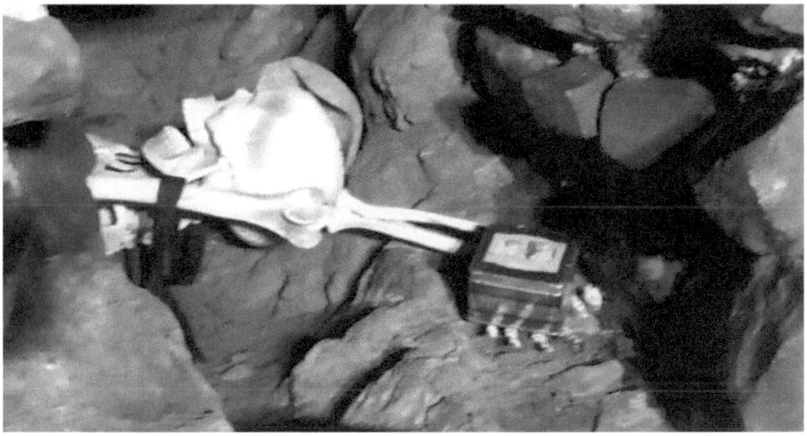

*„Wen haben wir denn da?“*

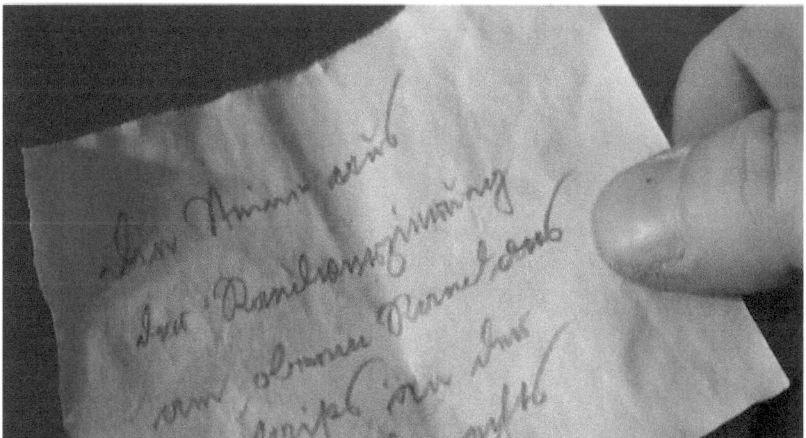

*Ein anderer bewusster Zettel.*

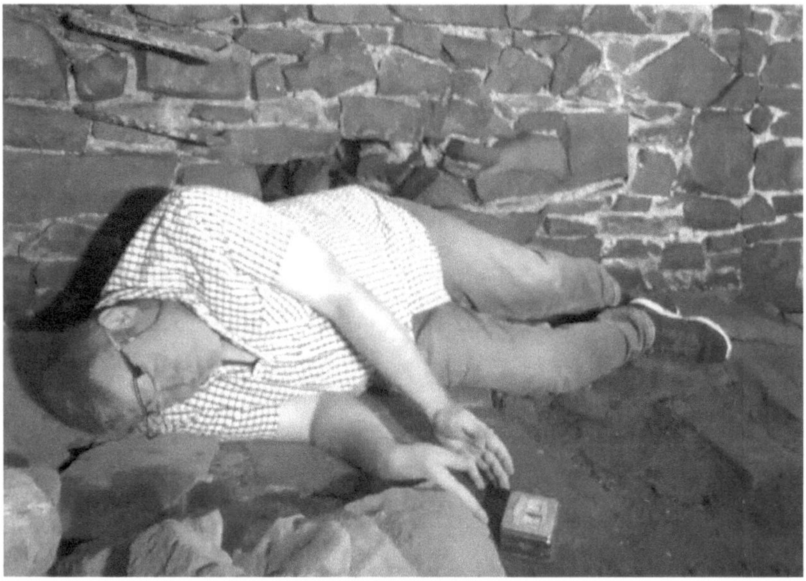

*Kneterborgs Ende.*

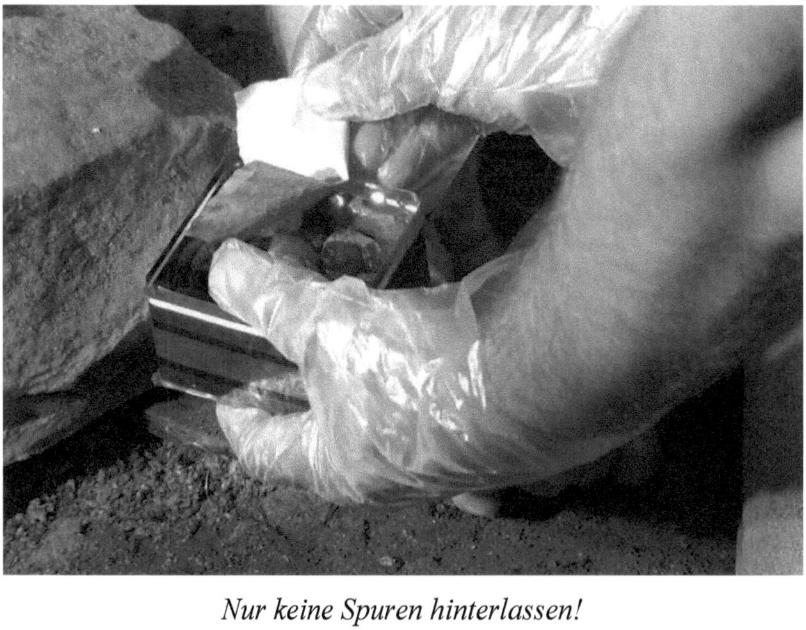

*Nur keine Spuren hinterlassen!*

## Szene 11

Gräfin *steht im Salon und bewundert eine Blüte in einer Vase. Sie hält den Zettel in der Hand, blickt darauf, lacht leicht.* Wie einfach man die Menschen doch in den Wahnsinn treiben kann mit einem Mythos, wenn der Mythos kein Mythos ist oder auch nur keiner zu sein scheint. *Stößt verächtlich grinsend Luft durch die Nase aus.*

*Ein Schatten hinter ihr (Peacemaker), schleicht sich heran.*

Gräfin *hört ein Geräusch, dreht sich um.*

*Eine Hand in der Luft mit einem Hammer. Schlägt nach außerhalb des Bildes.*

Gräfin *sieht entsetzt in die Luft, schreit.*

*Man hört, wie sie fällt, der Fuß Peacemakers ist zu sehen, neben ihm fällt die Hand der Gräfin mit dem Zettel leblos zu Boden. Peacemaker bückt sich hörbar, seine Hand erscheint, nimmt den Zettel, er richtet sich wieder auf.* **Zischt**: Mist! *Der Zettel fällt wieder herunter zur Hand. Nach einer kurzen Pause wird der Zettel aufgehoben. Nach einer zweiten kurzen Pause verschwindet der Fuß aus dem Bild, nur die Hand der Gräfin bleibt sichtbar.*

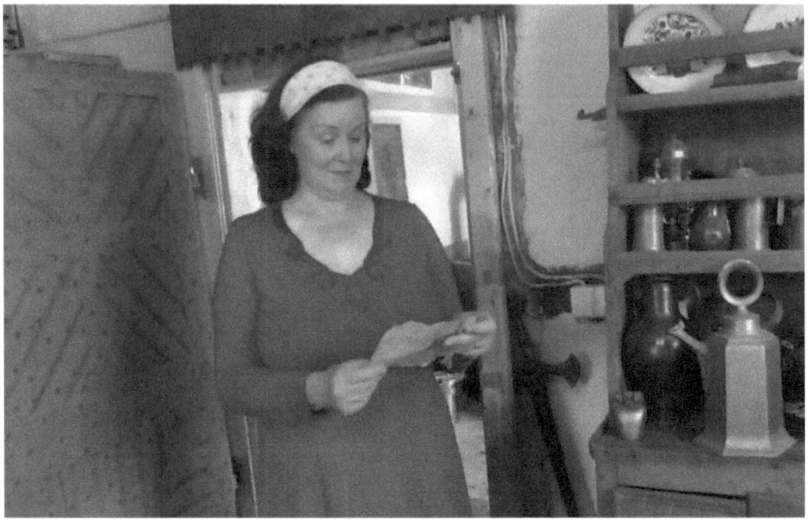

*„Wie einfach man die Menschen doch in den Wahnsinn treiben kann!“*

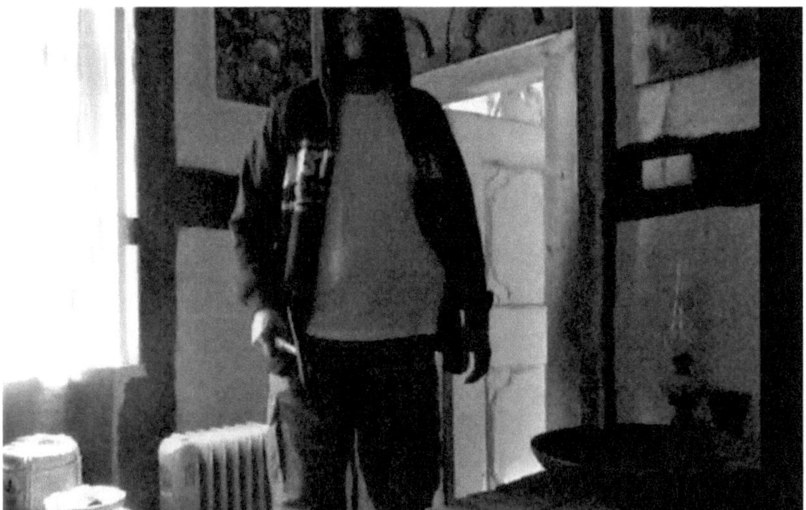

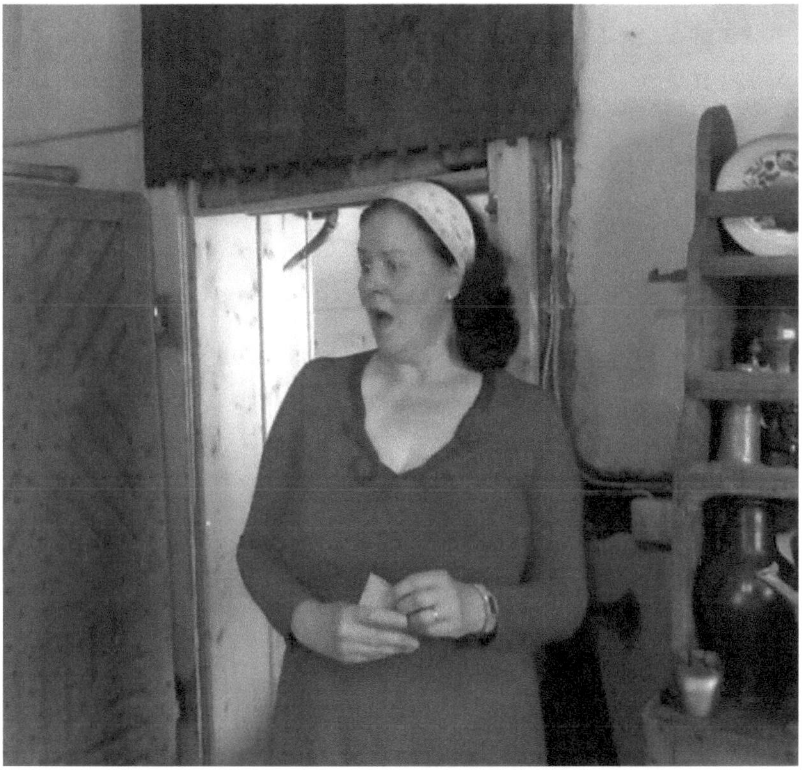

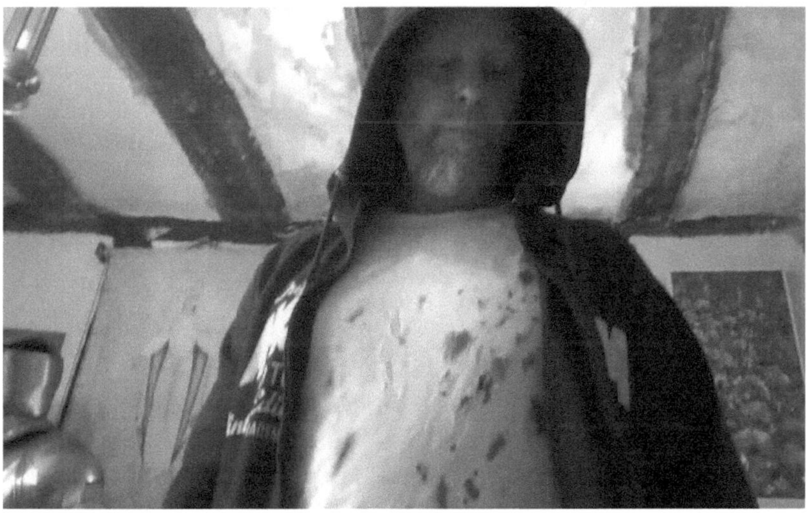

## Szene 12

Dobler-Matterbusch *arbeitet spielerisch im Garten. Ein Blick in ihre starrenden Augen verrät ihre Blindheit, ihre Handlungen sind aber fehlerfrei und lassen nicht erahnen, dass sie nichts sieht.*

Peacemaker *betritt in schwarzem Hoody und weißem T-Shirt den Garten, sieht sich kurz nach allen Seiten um, entdeckt Dobler-Matterbusch, sieht ihr eine Weile zu, winkt dann hinüber.*

Dobler-Matterbusch *sieht bei der Arbeit eigentlich in seine Richtung, bemerkt ihn aber nicht.*

Peacemaker *winkt deutlicher. Sieht sich verwirrt um, ob jemand seine offensichtlich vergeblichen Versuche bemerkt zu werden gesehen hat. Er wendet sich wieder der Arbeitenden zu. Lächelnd:* Hallo!

Dobler-Matterbusch *sieht auf:* Ach, Herr Peacemaker, bitte entschuldigen Sie, ich habe Sie gar nicht bemerkt.

Peacemaker: Ich wollte ja auch nicht stören. Sie waren so beschäftigt. *Sieht sich um:* Wunderbare Blumen. Sie haben hier eine kleine Oase geschaffen. Und das, obwohl Sie hier auch nur Gast des Hauses sind.

Dobler-Matterbusch: Nun ja, ich bin seit so vielen Jahren Gast hier, dass ich mich fast schon zum Inventar zählen lasse. Ich darf das Schloss als Teil meines Zuhauses betrachten, sagt die Gräfin immer. Also benehme ich mich auch so, als wäre ich hier zu Hause. Und zu Hause will ich Blumen in einem Garten um mich herumhaben.

Peacemaker: Das gelingt Ihnen auch. *Sieht sich um.* Welche Blumen haben Sie am liebsten?

Dobler-Matterbusch: Nun ja, das klingt jetzt vielleicht merkwürdig, aber ich liebe Dahlien. Sie sind so weich.

Peacemaker: Und welche Farbe?

Dobler-Matterbusch: Jetzt verwundern Sie mich aber wirklich; ich dachte, Sie hätten schon bemerkt, dass Farben für mich nicht wichtig sind.

Peacemaker *sieht ihr in die Augen, erschrickt:* O ja, entschuldigen Sie bitte.

Dobler-Matterbusch: Aber aber, Sie müssen nicht rot werden. Es ist nichts Schlimmes passiert.

Peacemaker: Rot werden? Woher wissen Sie das?

Dobler-Matterbusch *breit lächelnd*: Na, ich hoffe doch mal, dass Sie jetzt wohlerzogen rot geworden sind. Das gehört sich doch wohl so.

*Peacemaker sieht sie an, dann sich noch einmal um:* Ich bewundere Sie. Ich dachte für einen Moment, ich sollte ihnen helfen, aber Sie brauchen ja gar keine Hilfe.

Dobler-Matterbusch. Aha. Was sollen wir dann jetzt also machen?

Peacemaker: Naja, Sie können ja alles allein. Also, solange es nicht darum geht, dass Sie mir beschreiben, was auf dem Berg in zwei Kilometern ganz oben passiert, solange brauchen Sie mich ja nicht. *Grinst breit:* Aber das könnte ja in Zukunft meine Aufgabe sein.

Dobler-Matterbusch: Na, das war ja mal ein origineller Versuch. Sie mögen Kitsch, oder?

Peacemaker *grinst noch breiter*: Ja, merkt man das?

Dobler-Matterbusch: Zum Glück sind wir alleine. Stellen Sie sich mal vor, uns würde jemand zusehen: Was würden die Leute dann wohl sagen?

Peacemaker *überlegt und grinst:* Die einen: Och wie schööööööön! Und die anderen: Würg, was für ein Kitsch!

Dobler-Matterbusch *grinst*: Ganz sicher. Also, was machen wir zwei Hübschen dann jetzt?

Peacemaker: Sie Hübsche und ich? Mal sehen. *Überlegt angestrengt:* Essen? Davon verstehe ich was.

Dobler-Matterbusch: Soso, ich Hübsche. Schau an, sagte die Blinde. Kochen Sie gut?

Peacemaker: Nein, aber ich esse gerne und gerne viel. Zumindest, wenn es gut gekocht wurde. Und ja, Sie sind hübsch. Wenn ich das anmerken darf.

Dobler-Matterbusch: Das werden Sie noch sehen, ob es mich interessiert, ob Sie mich für hübsch halten.

Peacemaker: Wann werde ich das sehen?

Dobler-Matterbusch: Dann, wenn ich wissen will, ob Sie hübsch sind und das herausfinden werde. Nicht früher.

Peacemaker: Dann bin ich gespannt.

Dobler-Matterbusch *grinsend:* Und ich erst!

Peacemaker: Ich muss leider weiter, aber ich hoffe, wir werden uns noch oft im Garten treffen.

Dobler-Matterbusch: Ich muss mir das noch gut überlegen. Aber ich möchte auch los, mich bei der Gräfin für ihre Gastfreundschaft bedanken, indem ich ihr Blumen bringe, die ich in ihrem Garten gestohlen habe.

Peacemaker *grinsend:* Soso: Dann leben sie wohl! *Geht mit den Händen in den Taschen des Hoodys ab. Zieht eine Hand heraus um zu winken, merkt dann, dass das überflüssig ist und geht lächelnd ab. Beim Herausziehen der Hand fällt der bewusste Zettel aus der Tasche und bleibt liegen.*

Dobler-Matterbusch *winkt ihm kurz lächelnd nach. Dann:* Merkwürdig, Er roch doch nach frischem Blut? Sehr interessant. *Nimmt die beiseite gelegten Blumen, geht ab.*

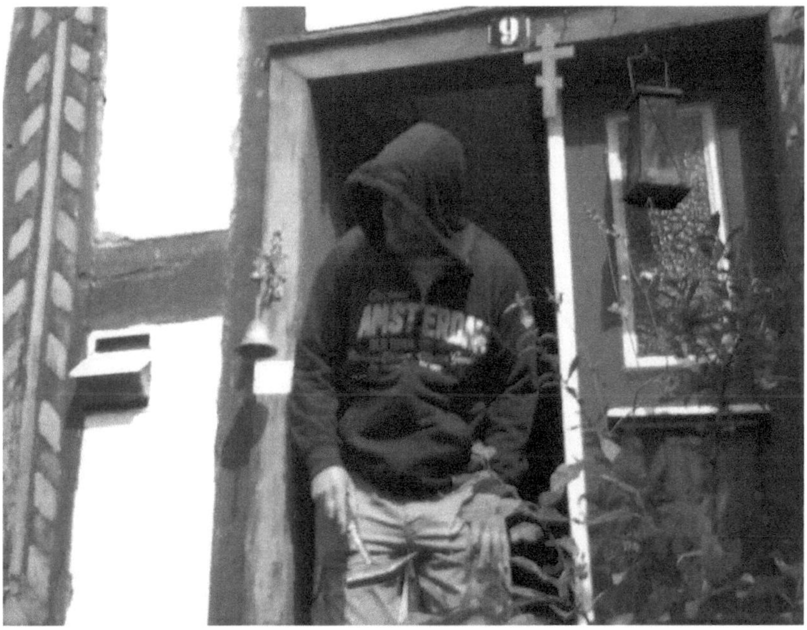


*Weg mit dem Hammer!*

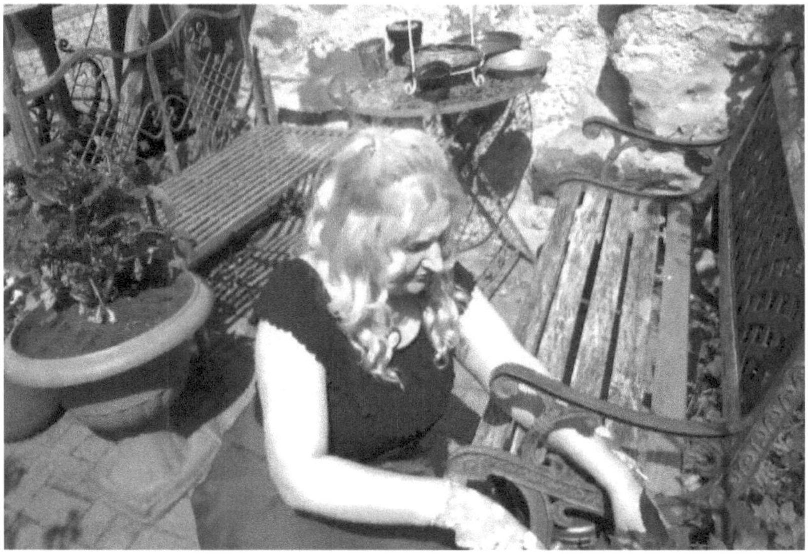

*Die blinde Gärtnerin*

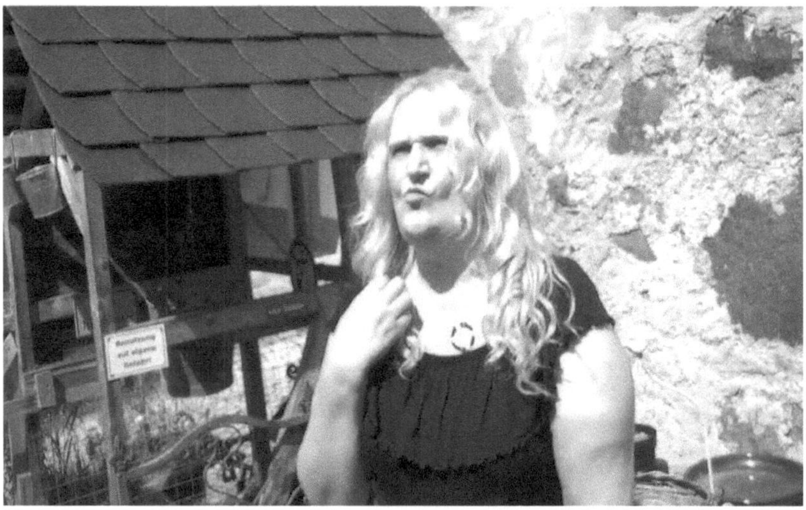

*„Er roch doch nach frischem Blut? Interessant!“*

## Szene 13

Dobler-Matterbusch *kommt mit den Blumen in den Salon.* Frau Gräfin? Frau Gräfin? Ich bin dann fertig im Garten, ich würde mich gerne zurückziehen! Frau Gräfin?

*Stößt mit dem Fuß an die Hand der Gräfin, erschrickt, bückt sich, ertastet in der Hocke die Situation. Überlegt.* Das kann doch gar nicht sein? Sollte er…? Das macht die Sache komplizierter…. oder auch nicht. *Lächelt. Besinnt sich dann, steht wieder aus der Hocke auf und beginnt um Hilfe zu rufen:* Aber Frau Gräfin, was ist denn? Hilfe! Hilfe!

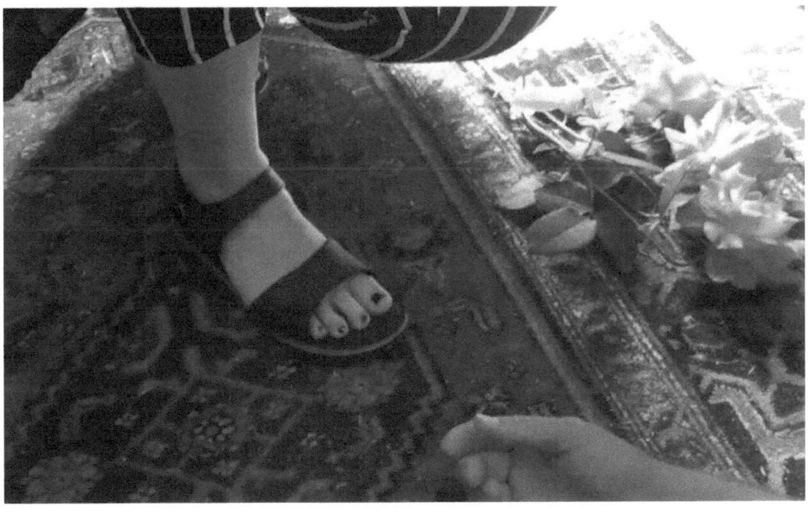

*„Frau Gräfin?"*

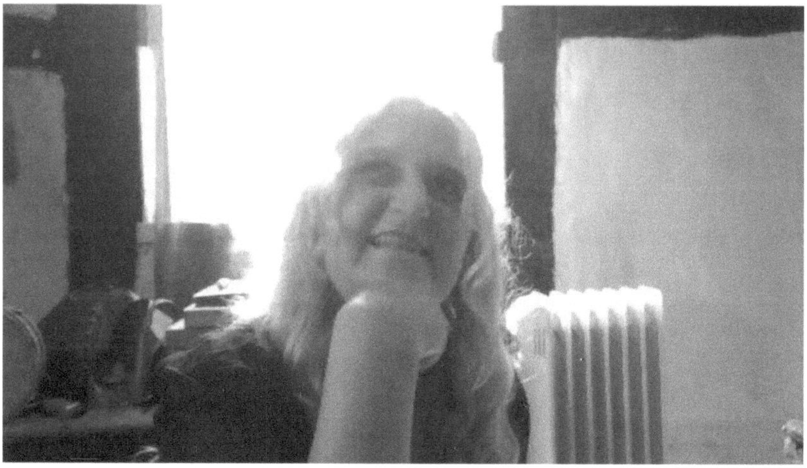

*„Vielleicht besser so?"*

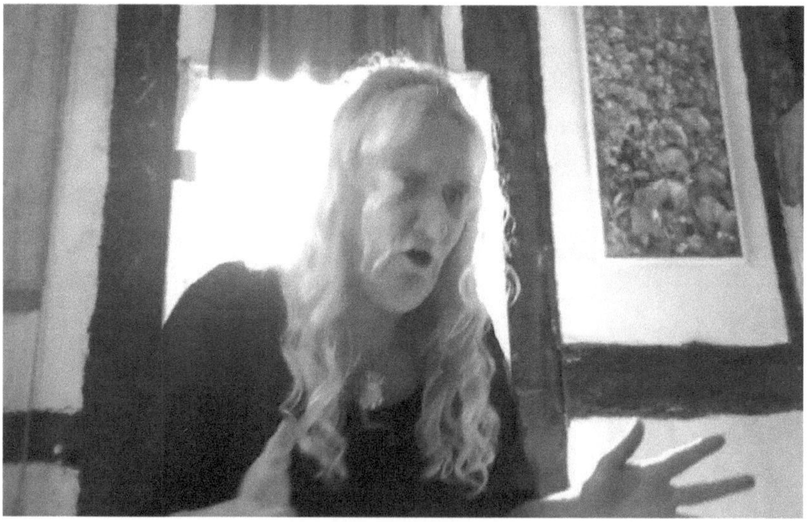

*„Hilfe! Hilfe!"*

## Szene 14

Miss Merwel *kommt in den Garten, bemerkt den Zettel, hebt ihn auf und mustert ihn genau.* Nanu, was haben wir denn da? *Steckt den Zettel ein.*

Constanze Rämseyer *kommt dazu:* Hallo Sie da? Kann ich Ihnen irgendwie helfen? Was haben Sie da aufgehoben?

MM: Nichts Besonderes, gar nichts. Mir war nur etwas heruntergefallen, mein Einkaufszettel. Und ich muss nachsehen, ob es der aktuelle ist. Nicht dass ich etwas vergesse.

Constanze *misstrauisch:* Das sah aber ganz nach etwas anderem aus. So, als ob Sie hier etwas stehlen würden. Kann ich mal sehen, was Sie da eingesteckt haben?

MM: Wollen Sie bei mir etwa eine Leibesvisitation machen, oder wie?

Constanze: Wenn Sie mich dazu zwingen, wäre ich auch dazu imstande. Immerhin habe ich eine gewisse Loyalität meinem Arbeitgeber gegenüber zu beweisen, und deshalb kann ich nicht dulden, dass Sie das Schlosshotel bestehlen. Also: Was haben Sie da eingesteckt?

MM *fühlt in ihrer Tasche nach, lächelt leicht*: Wie gesagt, meinen Einkaufszettel Hier, bitte! *Zieht einen zerknitterten Einkaufszettel aus der Tasche, hält ihn Constanze hin.* Reicht das? Soll ich noch etwas für Sie mit drauf schreiben?

Constanze: Für mich? Wie kommen Sie denn da drauf? *Prüft den Einkaufszettel unwillig.*

MM: So weit ich weiß, habe ich Sie hier doch gesehen, als Sie Küchenabfälle herausgebracht haben. Sie sind hier doch in der Küche angestellt, oder etwa nicht?

Constanze: Ich bin hier die Chefköchin, jawohl. Und ich kann die nötigen Einkäufe sehr gut ohne Ihre Hilfe bewerkstelligen. Ich bin mir nicht sicher, ob das der Zettel ist, den Sie aufgehoben haben.

MM: Na, jetzt hört sich doch alles auf. Glauben Sie, ich trage grundlos alte Einkaufszettel mit mir herum?

Constanze *prüft das Datum:* Schade, nicht datiert.

MM: Ich pflege meist dasselbe zu kaufen. Ein Datum kann ich mir sparen.

Constanze *gibt den Einkaufszettel zurück:* Na gut, dann will ich Ihnen das mal glauben. Aber es wäre mir sehr lieb, wenn sich hier keine unserer Gäste herumtreiben würden. Auch Sie nicht, Miss Merwel.

MM: Aber, meine Liebe, der Garten ist doch wohl auch für die Gäste da, oder etwa nicht? Vielleicht sogar mehr als für das Personal?

Con.: Normale Gäste sind in unserem Garten immer willkommen, aber so eine Schnüfflerin wie Sie, da muss man sehr vorsichtig sein.

MM: Sind Sie sich ganz sicher, dass die Gräfin hören sollte, wie Sie mit den Gästen sprechen?

Con.: Die Frau Gräfin ist auch über Sie im Bilde und sicher nicht begeistert, wenn Sie hier Ihre Nase in alles stecken wollen. Das Sie vielleicht interessiert, aber sicher nicht das Geringste etwas angeht. Aber Sie haben recht, Sie sind zahlender Gast und ich entschuldige mich in aller Form, wenn ich mich Ihnen gegenüber im Ton vergriffen haben sollte. Bitte genießen Sie den Garten und alle Angebote unseres Hauses.

MM *versöhnlich:* Ich freue mich jetzt schon auf die Köstlichkeiten, mit denen die Chefköchin dieses Hauses ihre Gäste zu verwöhnen versteht.

Con.: O danke schön. *Lächelt:* Ich werde Ihr Lob an die gesamte Küche weitergeben.

*Ab.*

MM: So, und dann jetzt mal sehen, ob nur mich dieser Zettel interessiert.

*Ab.*

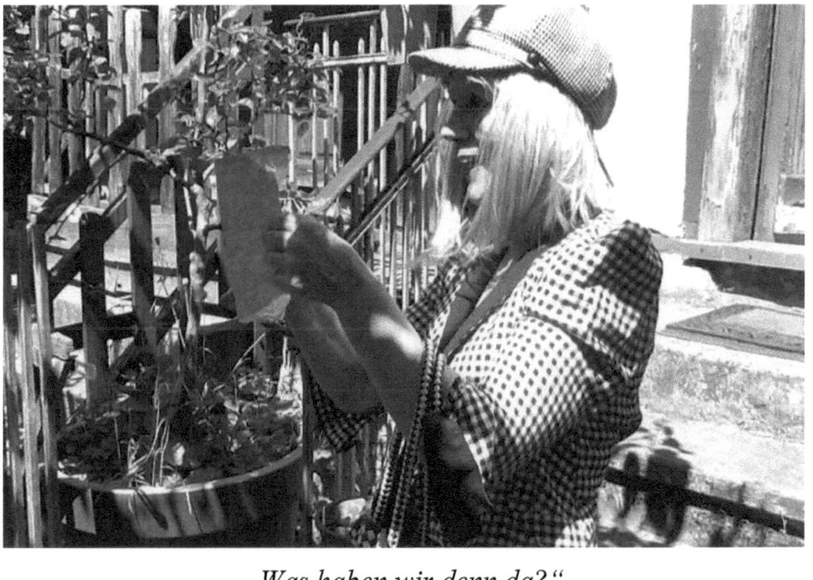

*„Was haben wir denn da?“*

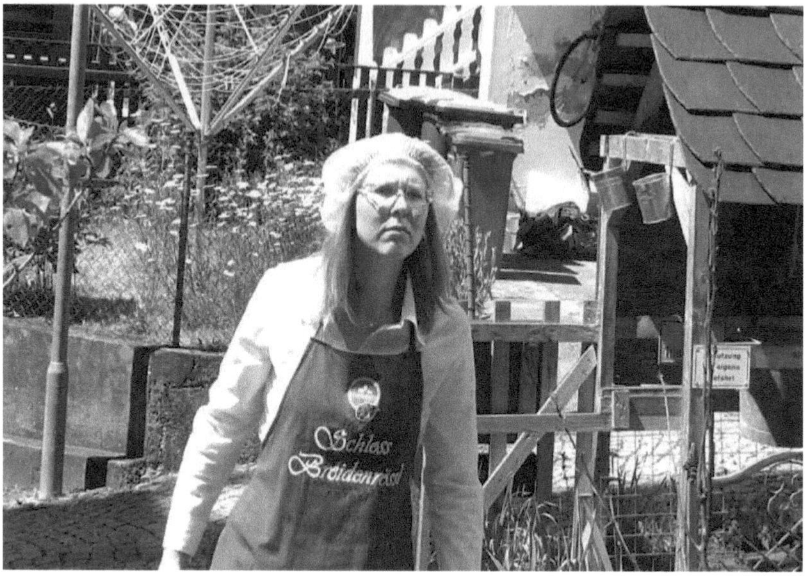


*„Nanu?“*

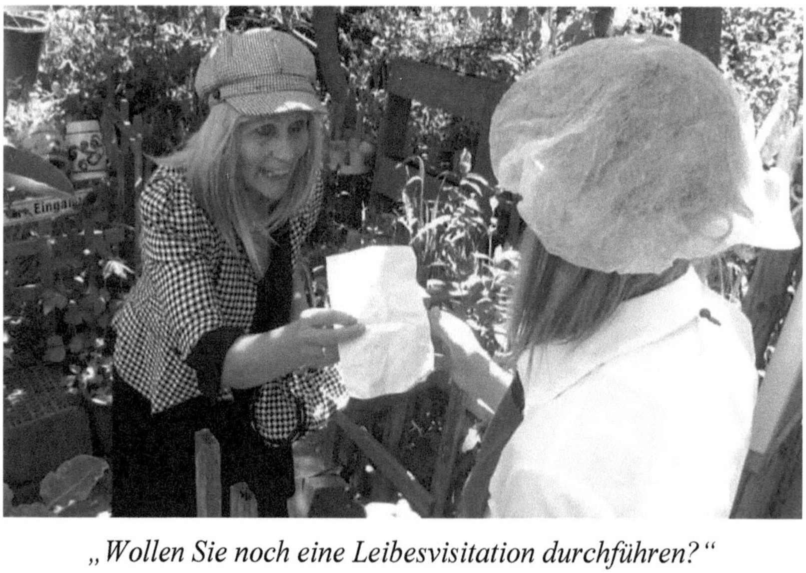

*„Wollen Sie noch eine Leibesvisitation durchführen?“*

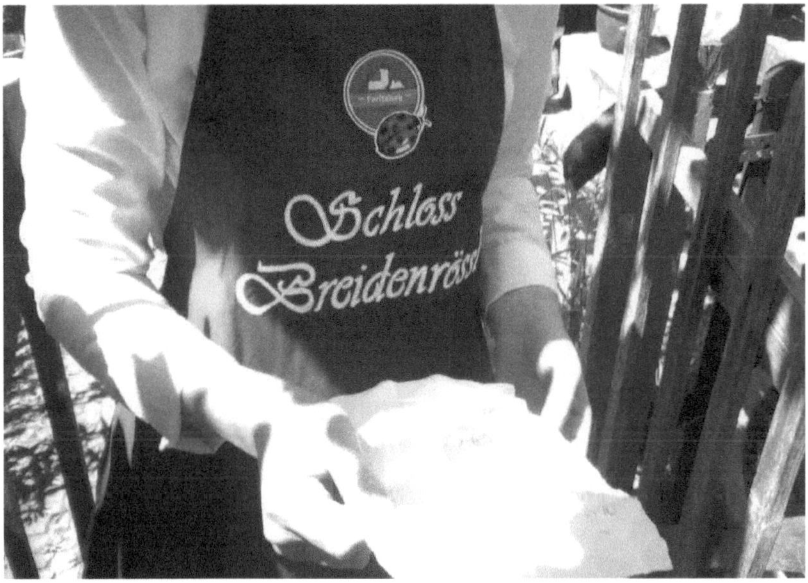


*„Ist das tatsächlich der Zettel?“*

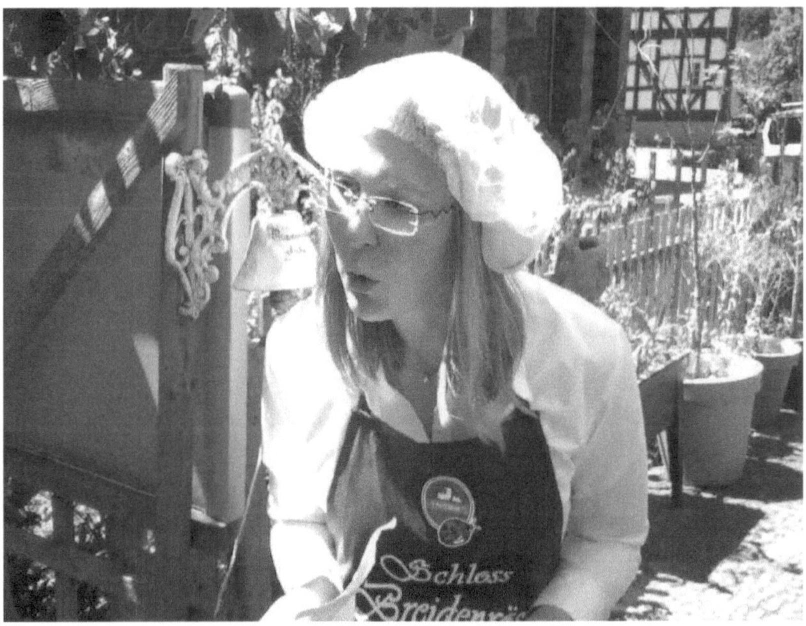

*„Normale Gäste sind uns immer willkommen!“*

## Szene 15

Peacemaker *hat sich an den See zurückgezogen. Er trägt seinen schwarzen Hoody mit durchgängigem offenem Reißverschluss und das weiße T-Shirt. Sucht sich eine Stelle zum Liegen, zieht Hoody und T-Shirt aus, überprüft beiläufig, ob Blut darauf zu sehen ist, entdeckt Spritzer auf beidem, ist sich sicher, dass sie auf dem schwarzen Hoody nicht auffallen werden und entsorgt das T-Shirt, sich beiläufig umsehend, in einem Mülleimer. Zieht den Hoody wieder an mit offenem Reißverschluss. Legt sich in die Sonne.*

Rosi *kommt auf dem Weg vorbei, sieht über den See, bemerkt Peacemaker, stutzt, grinst, geht langsam zu ihm hin:* Na wen haben wir denn da? Das ist doch mein kleiner Nacktfrosch?

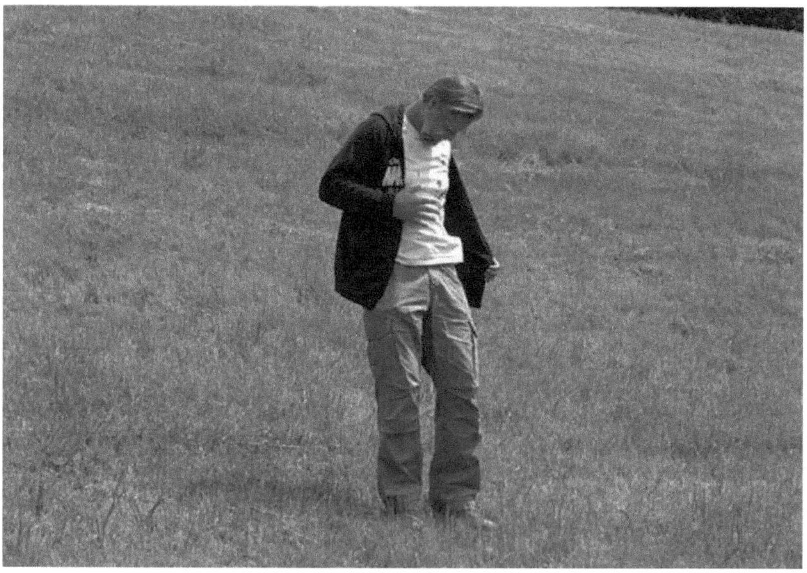

*„Mist, Blut!"*

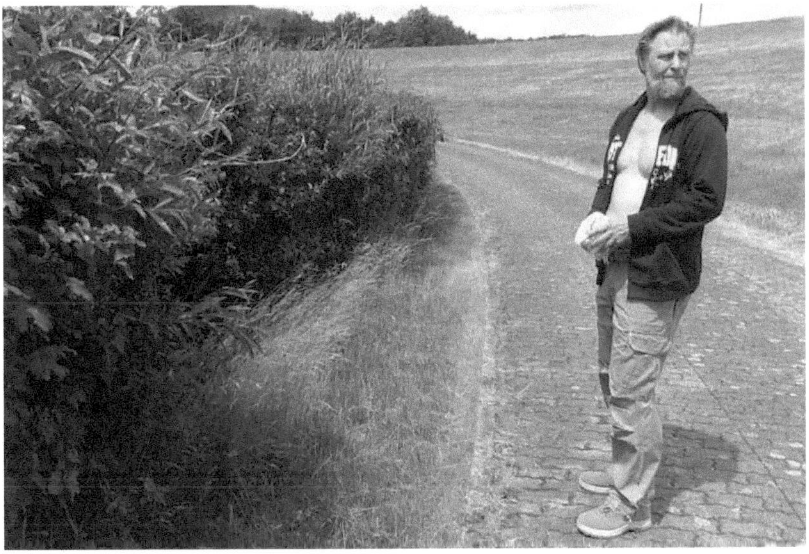

*Sieht jemand zu?*

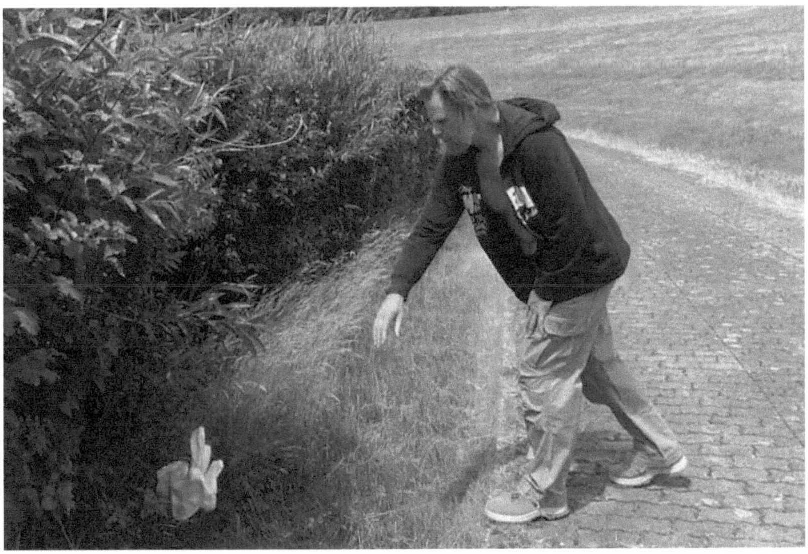

*Das blutige Shirt entsorgen.*

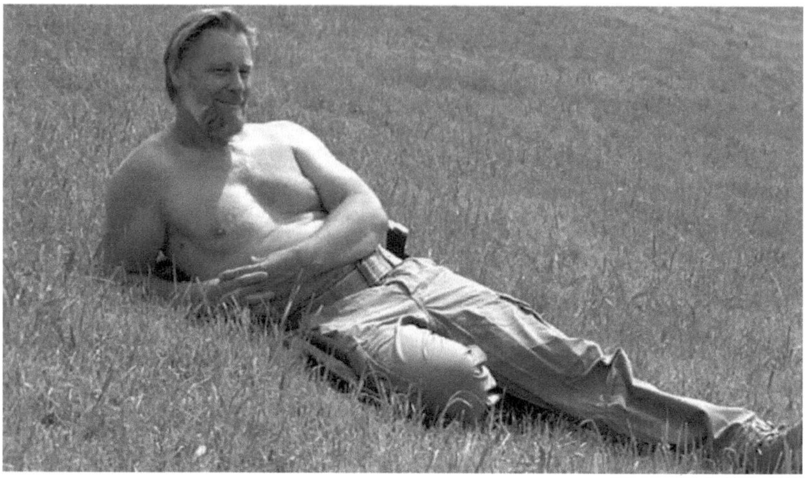

*Zufrieden nach getaner Arbeit.*

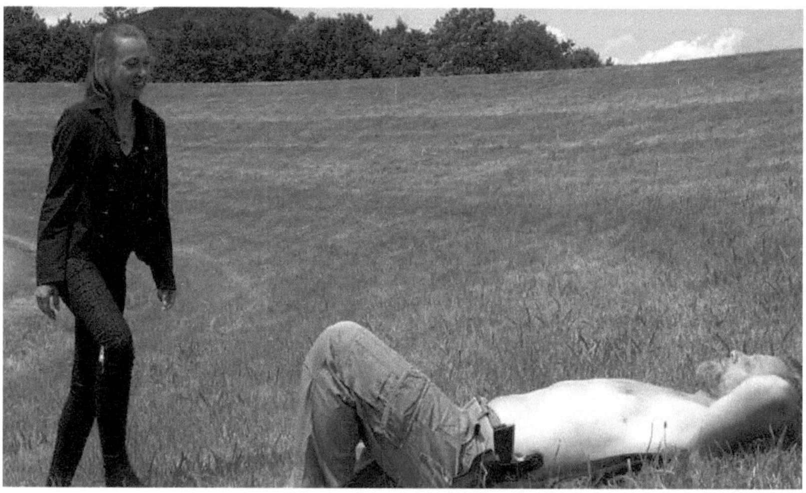

*„Na, mein kleiner Nacktfrosch!“*

## Szene 15 a

Purée *liegt in der Nähe im Gras, hört die Anrede und schmunzelt:* Das ist originell. Nein wirklich, originell. Mein kleiner Nacktfrosch, superbe. Das muss ich mir merken. Superbe!

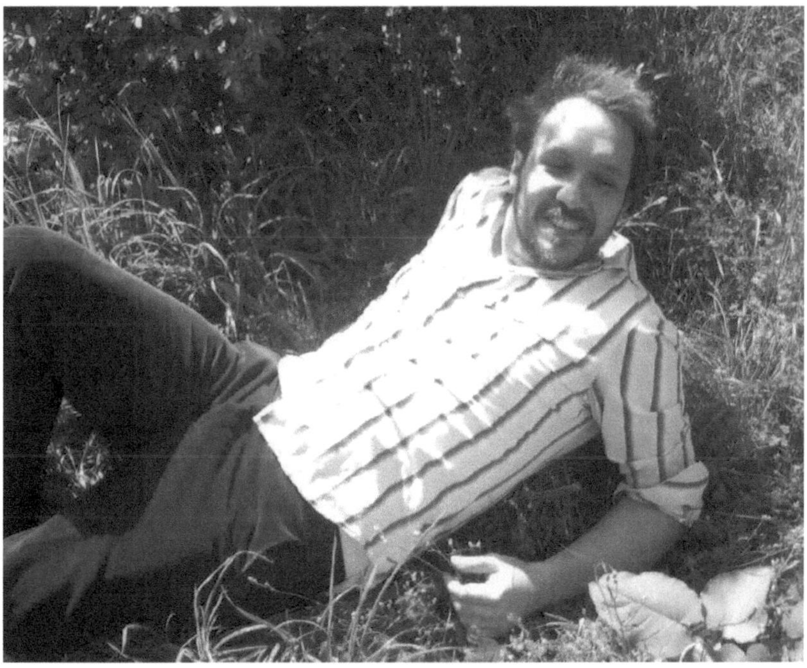

*„Nacktfrosch? Superbe!"*

## Szene 15b

Peacemaker *spielt den Verärgerten:* Na klar, Rosi, wo immer ich mich mal ausruhen will, da musst du auftauchen. Und mich blamieren.

Rosi: Blamieren? Womit habe ich dich blamiert, mein Lieber?

Peacemaker: Naja, stimmt schon, du kannst mich gar nicht blamieren. Und den Typ da hast du Spaß gemacht. Wer weiß, den ersten seit wie lange? *Setzt sich auf.* Kann ich dir übrigens irgendwie helfen? Was willst du von mir? Und was macht eigentlich die CIA in Breidenrössl?

Rosi *setzt sich neben Peacemaker:* Naja, ich bin überall auf der Welt unterwegs im Namen der Vereinigten Staaten, aber du? Was macht die italienische Mafia hier mit gescheiterten Ex-CIA-Agenten in ihren Reihen?

Peacemaker *im Zoom lächelt sie an:* Was ist das denn für ein Mist? Ich und die italienische Mafia? Wie kommst du denn auf den Quatsch? Rosi, Rosi, du lässt echt nach, wenn du sowas glaubst.

Rosi *im Zoom:* Matthew, lass das. Du warst acht Jahre bei uns, du weißt, dass du uns nichts vormachen kannst. Du bist hier mit deiner Chefin Cappuccina und ihr bereitet ein Ding vor. Komm mir nicht in die Quere.

Peacemaker *richtet sich halb auf:* Ach da schau an. Sollten uns die Vöglein dasselbe Lied gezwitschert haben? Lass dich nicht dabei erwischen, dass du mir sowas erzählst, sonst bist du so schnell aus der Firma draußen wie ich damals. Nimm meinen Fall als warnendes Beispiel. Ich war auch unschuldig und trotzdem fast im Gefängnis.

Rosi: Das ist eine sehr eigenwillige Sicht auf die Ereignisse damals. Ich fürchte, ohne jeden Beweis stehst du damit sehr alleine da. Bis heute.

Peacemaker *sieht lächelnd zu ihr hinauf:* Das ist meine alte Rosi, immer im Dienst. Naja, nicht immer; denk dran: Du warst auch mal mein kleiner süßer Nacktfrosch, und da lag die Dienstmarke brav neben dem Bett; deine, und meine gleich daneben.

Rosi: Das muss ein Paralleluniversum gewesen sein. Wahrscheinlich das, aus dem deine Sicht auf dein Ausscheiden aus dem Dienst stammt. Irreal.

Peacemaker: Nicht wirklich. Nur ein anderes Leben.

Rosi *steht auf:* Ich habe keine Ahnung, wovon du da redest, Ich habe nichts gesagt. Im Gegenteil ich habe dich gefragt und du hast ausweichend und irreführend geantwortet. Das werde ich nutzen.

Peacemaker *süffisant lächelnd:* Überrasch mich!

Rosi: Worauf du dich verlassen kannst. Wenn ich mit dir fertig bin, lächelst du nicht mehr!

Peacemaker: Das werden wir noch sehen, meine Liebe. Streng dich an! Wie gesagt: Überrasch mich!

Rosi: Das wirst du schon noch erleben. *Dreht sich um:* Hat denn hier in diesem Drecksnest gar keiner Respekt vor der CIA? Was für ein verkommenes Kaff! *Zieht ein Kaugummi aus der Tasche, steckt es sich in den Mund, geht zu dem Mülleimer, in dem Peacemakers T-Shirt liegt.*

Peacemaker *beobachtet das mit leichter Sorge.*

Rosi *wirft das Kaugummipapier in den Mülleimer, sieht dabei* **Peacemaker** *zornig an, bemerkt nicht das blutige T-Shirt, das ein bisschen heraushängt. Zornig ab.*

Peacemaker *sieht ihr breit grinsend nach. Er steht auf, stopft das T-Shirt ganz in den Mülleimer. Zieht sich den Hoody aus und legt sich wie auf einer Decke darauf in die Sonne.* Rosi, Rosi, das wäre dir früher nicht passiert! Und du willst mir gefährlich werden? Wenn du wüsstest, welche Chance du gerade hast verstreichen lassen, um mich für sehr lange loszuwerden! *Lacht laut auf, rekelt sich in der Sonne und genießt den Sommertag.*

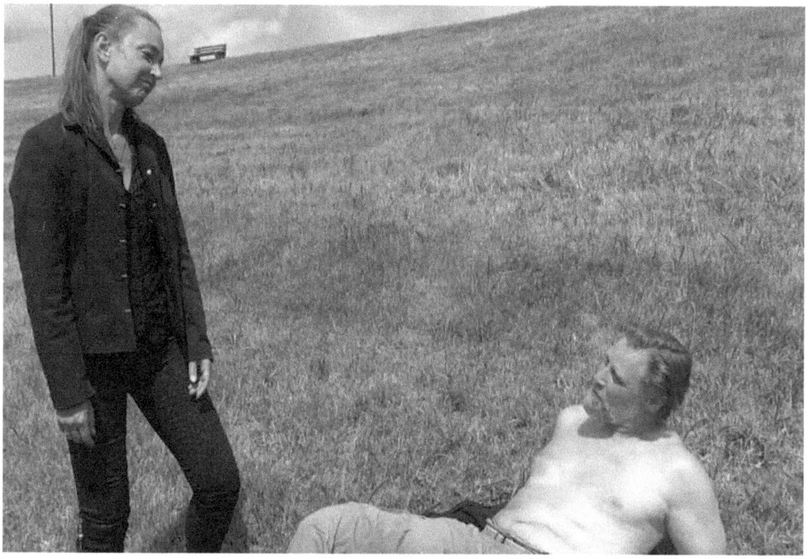

*„Klar musst du mich blamieren!"*

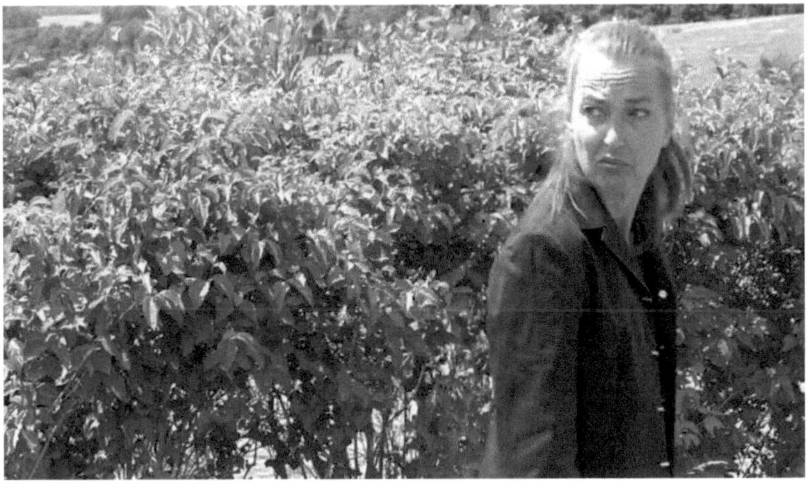

*Was stimmt hier nicht? Was nur?*

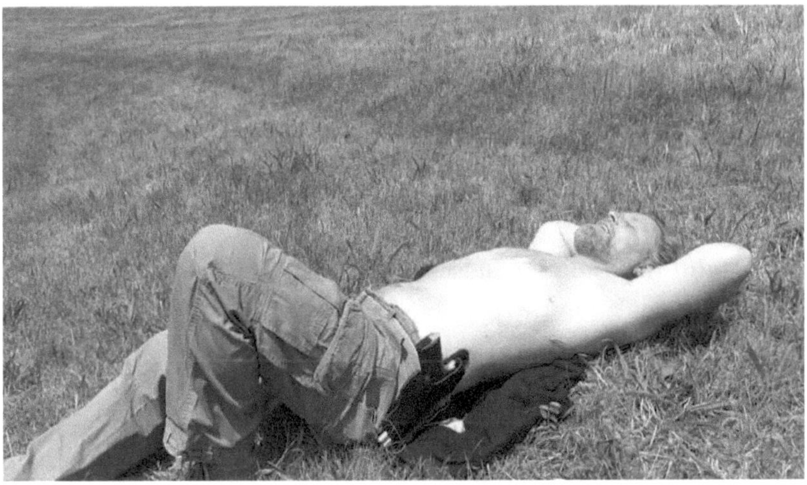

*„Rosi, das wäre dir früher nicht passiert!“*

## Szene 16

Miss Merwel *sitzt auf der Bank vor dem Schloss in der Sonne.*

Monsieur Purée *kommt vorbei, überlegt kurz, ab er umdrehen soll, fasst sich dann ein Herz und grüßt:* Bon jour, Madame! Ein herrlicher Tag, n'est-ce-pas?

MM: O, Monsieur Purée, welche Freude Sie zu sehen. Ja, allerdings ein ganz wundervoller Tag. Ich hatte Sie schon gesucht, weil ich Sie etwas fragen wollte. Seien Sie ehrlich: Nur wegen der herrlichen Luft sind Sie doch auch nicht hier?

MP: Nun ja, Madame, .... Sie haben recht. Es gibt da gewisse Gerüchte, die ich doch gerne untersuchen würde. Gerüchte um verborgene Schätze und geheime Botschaften. Endlich einmal ein Fall ohne irgendeinen Mord.

MM: Sehen Sie, genau das habe ich mir auch gedacht. Bis eben gerade. Da hörte ich Schloss laute Rufe und Gerenne, ganz so, als ob da ein Unglück passiert wäre. Ich weiß, dass hier merkwürdige Dinge vor sich gehen. Ob Sie es glauben oder nicht, aber gerade eben habe ich etwas gefunden. *Zieht den Zettel aus der Tasche und reicht ihn Monsieur Purée.* Was halten Sie davon?

MP *betrachtet den Zettel genau.* Sehr interessant. Das sieht nach einer geheimen Nachricht aus. *Gibt ihn Miss Merwel zurück.*

MM: Lassen Sie uns in die Bibliothek gehen, ich würde mich gerne an einer weniger auffälligen Stelle mit dem Zettel befassen. Und in der Bibliothek stehen viel zu viele Bücher, als dass man dort damit rechnen müsste, dass dort jemand seinen Fuß hineinsetzt.

MP: Wie ungemein recht Sie damit doch haben, ma chère! Voilà! Gehen wir! Ich bin neugierig!

*Zusammen ab.*

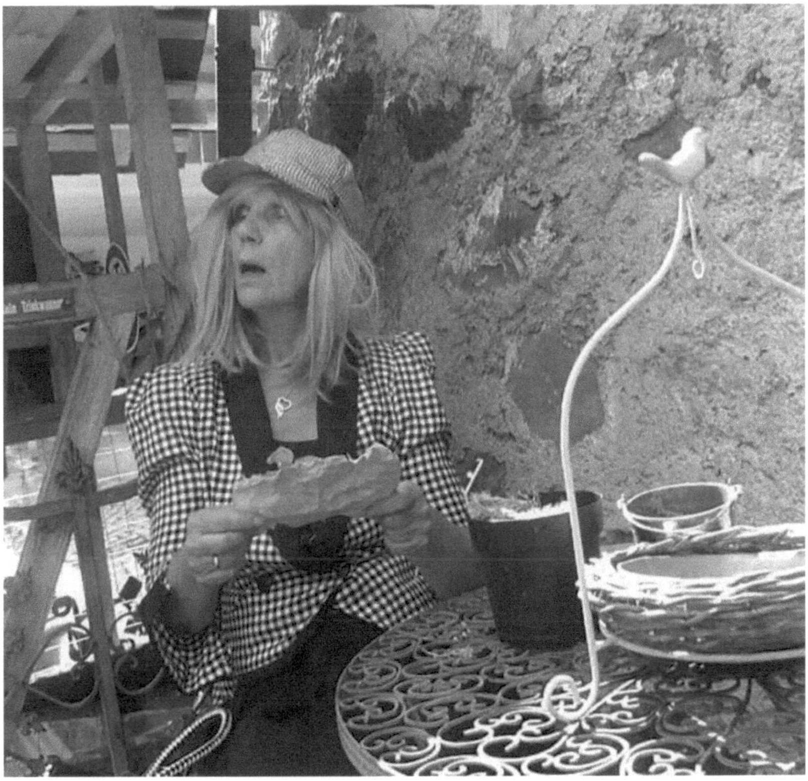

*„Hier gehen merkwürdige Dinge vor!“*

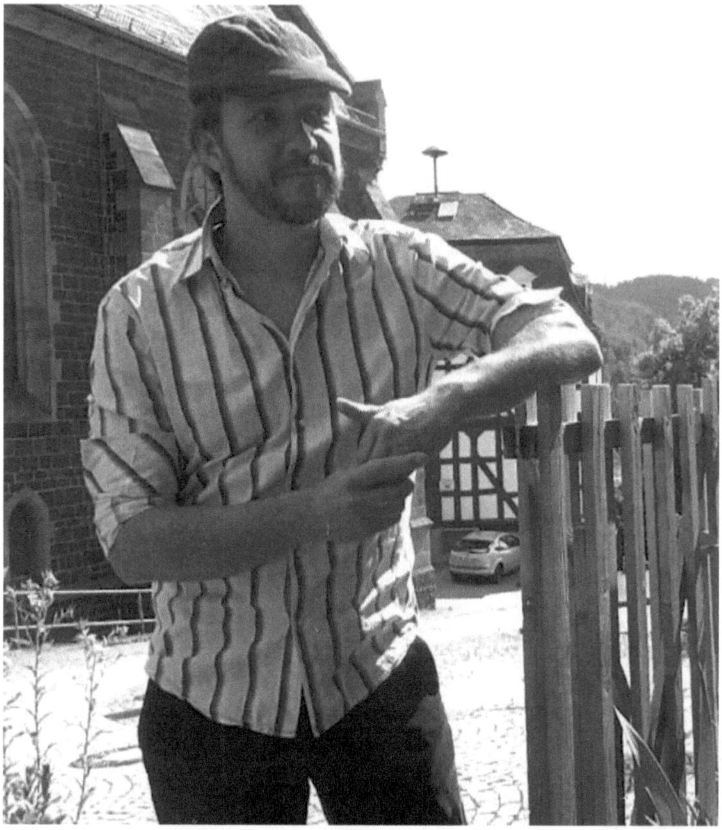

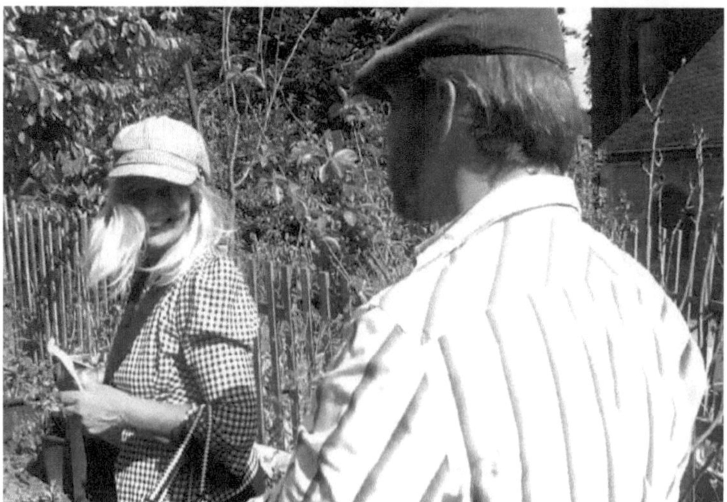

## Szene 17

*In der Bibliothek.* **Miss Merwel** *wird von* **M. Purée** *hereingeführt. Sie tritt an das Regal und nimmt den Zettel mit den wenigen Buchstaben auf Vorder- und Rückseite aus ihrer Tasche.*

Miss Merwel *mit Blick auf den zustimmenden Purée*: So, dann wollen wir mal. *Sie riecht an dem Zettel:* Merkwürdig, sehr merkwürdig. Woher kenne ich diesem Geruch?

*Kamera auf den Zettel. Eine Hand taucht auf, nimmt ihn Miss Merwel aus der Hand. Kamera folgt dem Zettel von unten, bis man das Gesicht von Pascal Hinterwaldler erkennt. Er sieht den Zettel an, dreht in um, wieder zurück. Miss Merwel erschrickt hörbar.*

Hinterwaldler: Das ist ja ein merkwürdiger Zettel, die Vorderseite ist fast genauso leer wie die Rückseite.

Miss Merwel: Junger Mann, klopfen Sie bitte an, wenn Sie hereinkommen. Ich hätte mich zu Tode erschrecken können.

*Kamera auf Hinterwaldler mit Ausschnitt Tür.* Das hätte ich natürlich nicht gewollt, entschuldigen Sie bitte.

Purée nimmt *ihm mit missbilligendem Blick den Zettel aus der Hand:* Sie sind jung, Monsieur, und Sie sind so, pardonne moi, ungebildet wie jung. Die Vorderseite! Die Hinterseite! Wovon reden Sie?

Hinterwaldler *sieht fragend zu Miss Merwel:* Wer ist denn das?

Miss Merwel: Das ist mein überaus geschätzter Kollege und, *Purée anlächelnd:* ich darf doch sagen, Freund? Hercule Purée, aus Pas-de-Calais.

Hinterwäldler: Püree? Wie Kartoffel?

Purée *sehr säuerlich:* Nein, nicht Kartoffel, Hercule Purée, der bekannte Detektiv. Sie dürfen mich Monsieur nennen.

*Sieht Hinterwaldler missbilligend an, sieht sich dann um; tritt zögernd an das Regal, greift hinein.*

*Kamera auf seine Hand. Sie kehrt aus dem Regal zurück mit einem Gegenstand in der Hand, ein länglicher Metallgegenstand mit einem asiatischen Muster.*

*Kamera auf Purées Gesicht:* Nun, Monsieur? Was heißt schon vorne und was hinten? Sagen sie mir; ...

*Kamera auf die Hand, die den Gegenstand Hinterwaldler hinstreckt:* Was ist hier vorne, was hinten? Erklären Sie mir die Vorderseite, s.v.p.

Hinterwaldler *nimmt den Gegenstand, prüft ihn mit zusammengezogenen Augenbrauen:* Naja, *blickt Purée an, hält im den Gegenstand wieder hin:* Das Bild ist hübsch, aber mir sagt es nichts. Es wird wohl vorne sein!

Purée *nimmt mit einem leicht verächtlichen Blick den Gegenstand an sich, sieht Hinterwaldler überlegen an und hält das Metallstück Miss Merwel hin, ohne den Blick von Hinterwaldler zu lassen:* Was sagen Sie zu den Kenntnissen des jungen Mannes, ma chère amie??

Miss Merwel *sieht prüfend von Purée zu Hinterwaldler, während sie nach dem Gegenstand greift. Nimmt ihn, betrachtet ihn von allen Seiten, streckt ihn Hinterwaldler hin:* Junger Mann, Sie müssen noch viel lernen. Das ist ein japanischer Schminkspiegel, etwa 80 Jahre alt, und das „Bild“ ist die Rückseite. Die glatte Fläche ist der Spiegel und deshalb die Vorderseite. *Sieht Purée an:* Ich fürchte, mon ami, ich muss Ihnen recht geben. Wir könnten uns irren. Vielleicht ist die Vorderseite des Zettels leerer als die Rückseite. Aber was heißt das dann? *Wendet ihren Blick fragend zu Purée.*

*Purée sieht sie mit besorgt zusammengezogenen Augenbrauen an:* Nun ja, liebe Freundin, das ist die schwierige und absolut wichtigste Frage. Die Frage: Was ist die Wirklichkeit? *Nimmt den Zettel, tritt ans Fenster, blickt prüfend im Streiflicht über den Zettel, stutzt, riecht daran, reibt mit dem Daumen schnell über eine Stelle in der Mitte des Zettels, blickt prüfend darauf, lächelt, dreht sich siegesgewiss um. Sucht Miss Merwel:* Eine Kerze bitte, ma amie!

Miss Merwel *steht mit dem Gesicht zur Anrichte, dreht sich um und hält eine brennende Kerze in der Hand:* Da ist sie, bester Freund. Ich war mir doch sicher: Zitronensaft.

Purée *rümpft ein bisschen die Nase, da er gehofft hatte, Miss Merwel übertrumpfen zu können, überreicht ihr aber dann das Blatt:* Hier, meine Beste, lüften Sie das Geheimnis.

Miss Merwel *lächelnd:* Aber aber, Sie wissen doch sehr gut, dass man dafür Hilfe braucht. So, die Herren helfen mir dann mal. Sie halten bitte beide ganz vorsichtig je zwei Ecken des Blattes, und ich nehme die Kerze.

*Zoom auf das Blatt, auf dem unter der Hitze der Kerzenflamme handgeschriebene Buchstaben zwischen den Schreibmaschinebuchstaben sichtbar werden. Der Text lautet:* **Das Zimmer aus Zarskoje Selo ist im Raum**

***am Ende des Ganges unter dem östlichen Turm.*** *Auf der Rückseite:* ***26 Kisten Bernstein, 4 Kisten Marmor, 3 Kisten Spiegel***.

Purée *sieht Miss Merwel ungläubig an:* Das verstehe ich doch wohl richtig, dass in dem bewussten Gang unter diesem Schloss…

Miss Merwel *ergriffen:* … das originale Bernsteinzimmer liegt.

Hinterwaldler: Na dann ist das ja kein Wunder, dass von der CIA bis zur Mafia alle hier vor Ort sind. Wo bleiben dabei nur die Russen? Die wären doch die eigentlichen Besitzer.

Purée: Nun ja, die Russen…. Die haben das Zimmer ja wieder, als exakte Kopie. Wo sollten die wohl mit dem Original hin? Wahrscheinlich taucht von denen keiner hier auf.

Hinterwaldler: Aber wo ist es denn dann? Wo versteckt man in einem solchen Schloss ein ganzes Zimmer?

Purée: Eine gute Frage.

*Kamera auf das Gesicht von* **Miss Merwel**, *die nach vorne tritt, überlegender Gesichtsausdruck:* Und wie richtig formuliert. Hm, wo versteckt man zum Beispiel einen Baum? Am besten im Wald. Und wo versteckt man ein ganzes Zimmer? *Dreht sich um, hinter ihr rechts und links von ihrem Hinterkopf die beiden Männer.*

Hinterwaldler: Sie meinen….

Purée: Natürlich! In einem großen Haus mit vielen, vielen Zimmern! Und vielen alten Kunstschätzen!

Hinterwaldler: Immerhin ist es ja nur die Wandverkleidung, nicht der ganze Raum.

Miss Merwel: Ganz richtig. Und das ist irgendwo hier. Nur wo?

*Von außerhalb ein Ruf:* Um Gottes Willen, im Keller, der Inspektor! Er ist tot!

MP: Hatten wir nicht gehofft, es sei ein einfacher Fall ohne Leiche?

MM: Mein lieber Freund, wo wir beide sind, da sind die Leichen nicht weit, fürchte ich.

Hinterwaldler: Das könnte man aber ganz leicht falsch verstehen!

MM: Halten Sie den frechen Mund, junger Mann! Kommen Sie, wir wollen sehen, ob wir behilflich sein können! Sie auch, junger Mann! *Zieht Hinterwaldler hinter sich her aus der Bibliothek.*

Hinterwaldler: Ich komme ja schon!

*Alle drei schnell ab. Der Zettel bleibt auf dem Tisch liegen.*

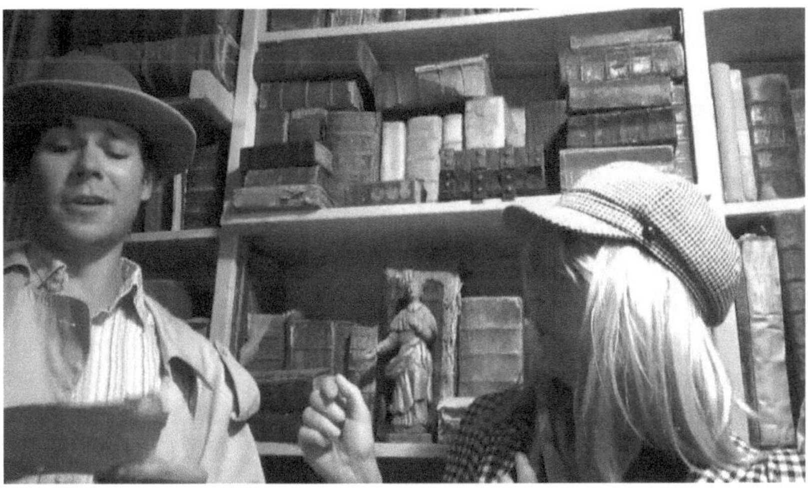

*„Was für ein merkwürdiger Zettel!"*

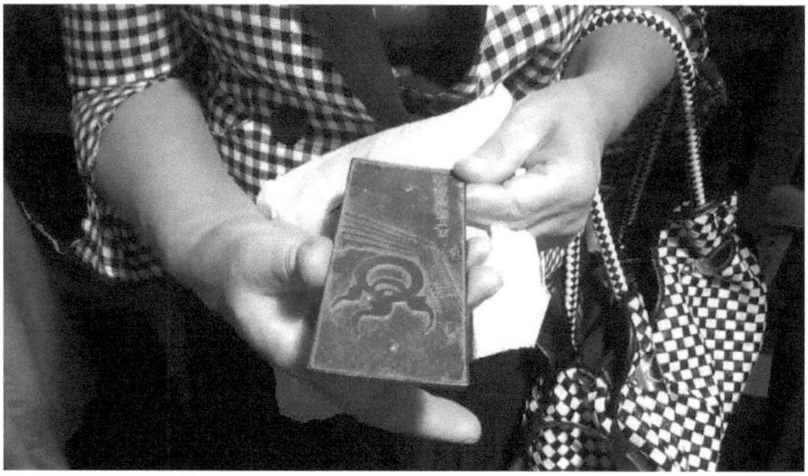

*Der japanische Spiegel. Nicht immer ist das Schöne die wichtige Vorderseite!*

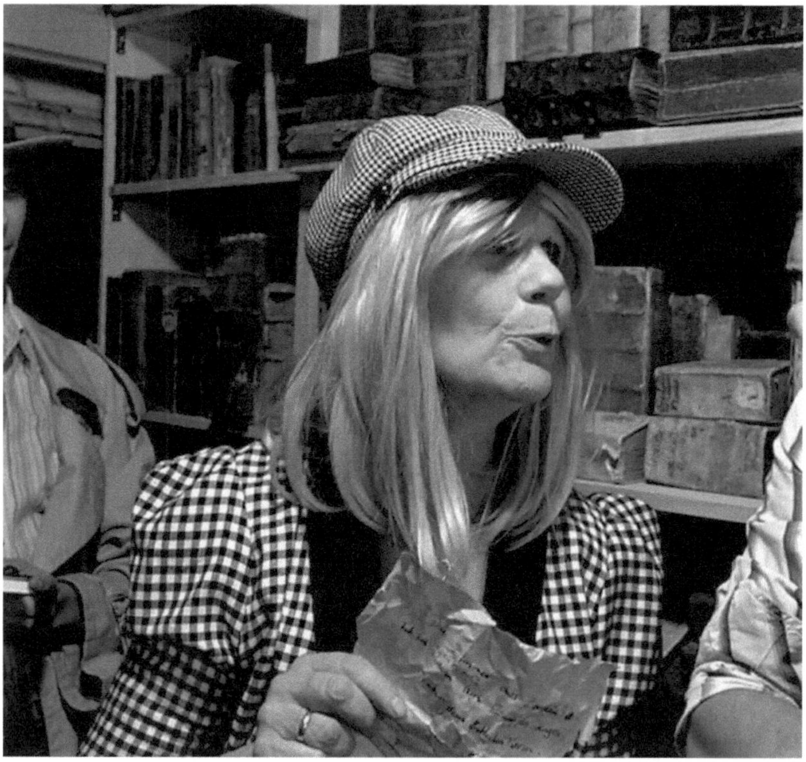

*„Was sagen Sie zu den Kenntnissen, des jungen Mannes?“*

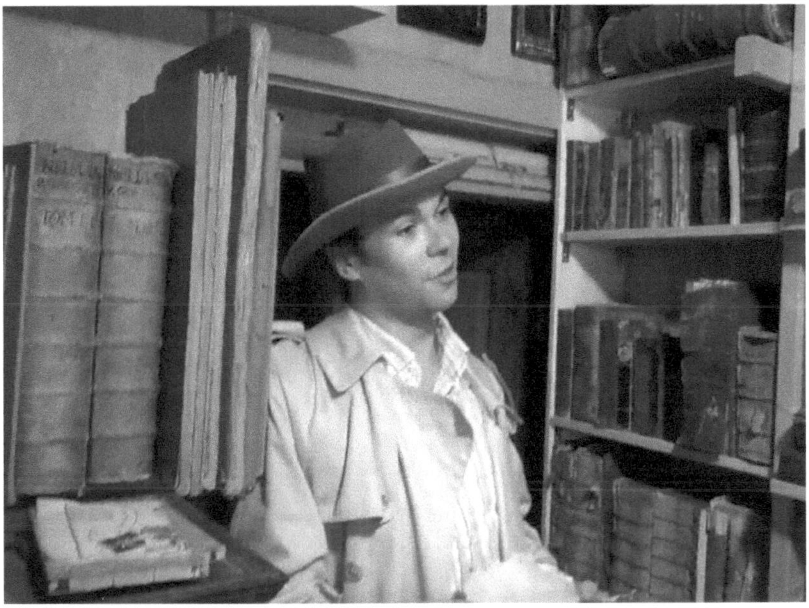

*„Wer is'nn das da?"*

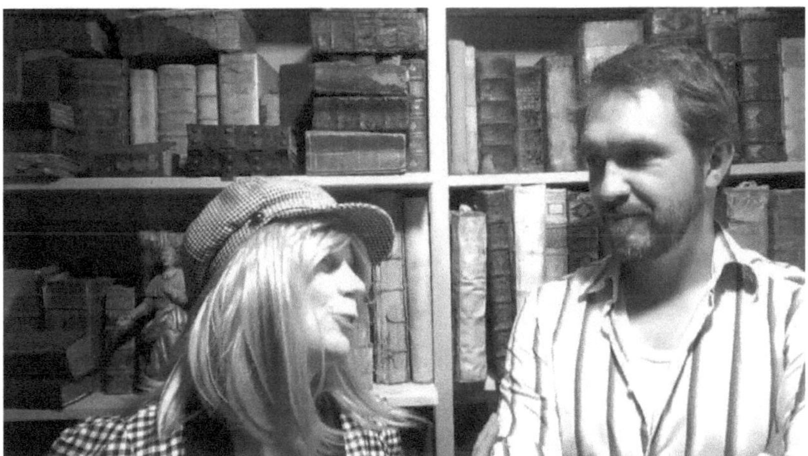

*„Ich darf doch sagen, mein Freund"?*

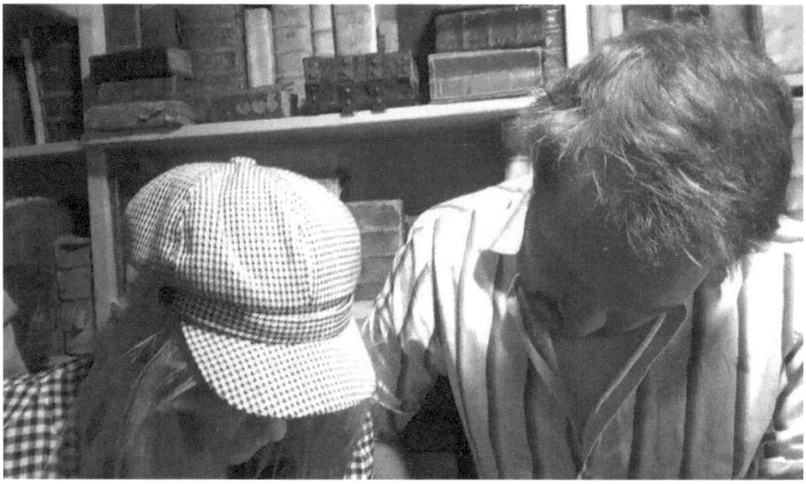

*Was steht denn da?*

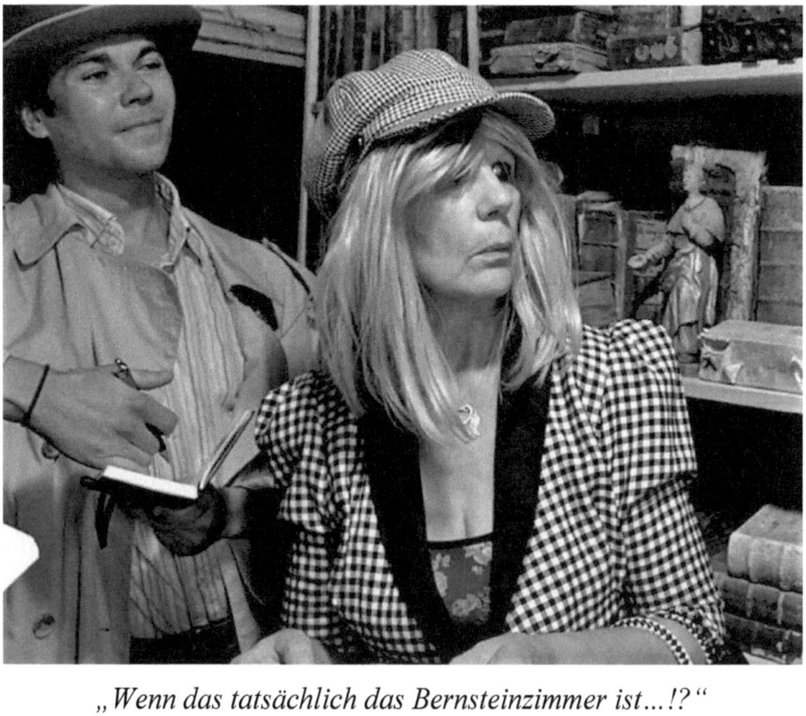

*„Wenn das tatsächlich das Bernsteinzimmer ist…!?“*

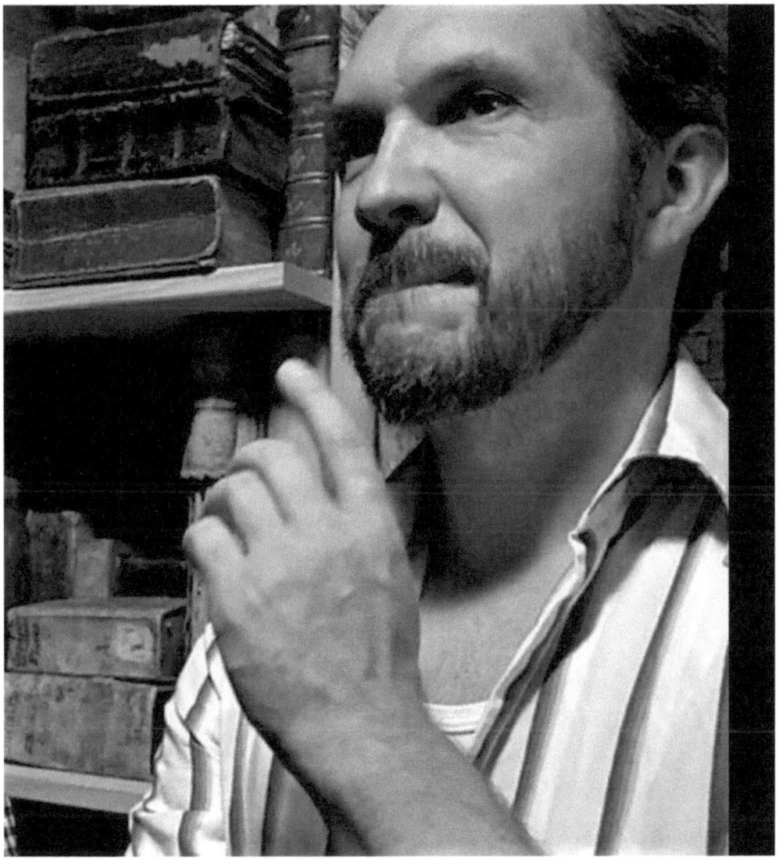

*„Wo ist es dann?"*

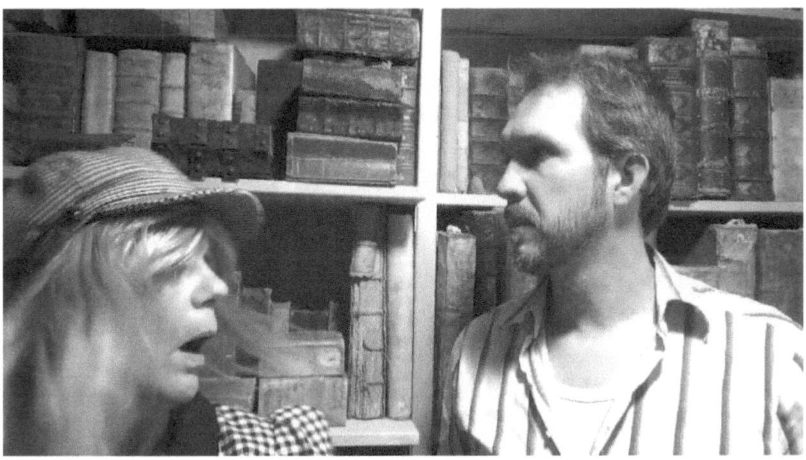

*„Der Kommissar ist ermordet worden!"*

## Szene 18

Constanze Rämseyer *betritt vorsichtig den Raum, sieht sich um, ob sie tatsächlich alleine ist. Sie geht zum Tisch, nimmt den Zettel, liest ihn durch:* Also doch kein Einkaufszettel. Und doch tatsächlich das Bernsteinzimmer. Wenn das stimmt, was ich gelesen habe, dann ist es unbezahlbar und jeder, der es findet, ist reich bis an sein Lebensende. Jetzt muss ich nur noch sehen, dass ich ungestört in den Keller komme, bevor da die Hölle losbricht.

Dobler Matterbusch *tritt ein:* Hallo? Ist da jemand?

Con. *versucht flach zu atmen und auch sonst kein Geräusch zu machen.*

Dobler: Hallo? Hallo? Ich höre Sie doch atmen! Wer sind Sie? *Lauscht in den Raum:* Sie da auf dem Boden, stehen Sie auf!

Con. *steht langsam auf:* Ich bin es, Frau Dobler-Matterbusch. Constanze Rämseyer, die Köchin!

Dobler: Gott sei Dank, ich dachte schon, der Mörder wäre hier. Was tun Sie hier?

Con.: Ich dachte auch, ich hätte ein Geräusch gehört und wollte nachsehen. Was ist denn draußen für ein Lärm?

Dobler: Ich bin mir nicht sicher. Aber ich habe etwas Angst.

Con.: Es ist so merkwürdig, was hier in der letzten Zeit passiert. Man kann sich im eigenen Haus nicht mehr sicher fühlen.

Dobler: Der Inspektor ist im Keller erschossen worden. Es ist ganz furchtbar. Er liegt da unten in seinem Blut und keiner weiß, wer es war.

Con.: Er liegt in seinem Blut? Er wurde erschossen?

Dobler: Ja, alles wie in einem furchtbaren Traum.

Con.: Wer hat Ihnen das denn alles erzählt? Und wann war das denn, dass Sie das alles so schnell so genau wissen? Und woher wissen Sie wo da überall Blut ist? Sie sind doch blind?

Dobler: Schau an, so viele Fragen, deren Antwort Ihnen nicht gefallen wird. Ebenso wenig wie mir die Aufgabe, sie Ihnen zu beantworten. Arme Constanze.

Con.: Aber, Sie sind doch blind, oder etwa nicht?

Dobler: Vor den Augen der Welt schon. Aber vielleicht nicht ganz so blind, wie alle meinen. Sollen. *Zieht eine Pistole:* Zumindest reicht es für das Nötigste.

Con.: Ich verrate bestimmt niemandem etwas! Ich weiß von nichts! Ich werde schweigen wie ein Grab!

Dobler *schießt:* Da bin ich mir ganz sicher. Ihr Grab wird mit Ihnen schweigen. Ich kann leider kein Risiko eingehen.

*Kamera auf das Gesicht der toten Constanze, dahinter sieht man Dobler abgehen.*

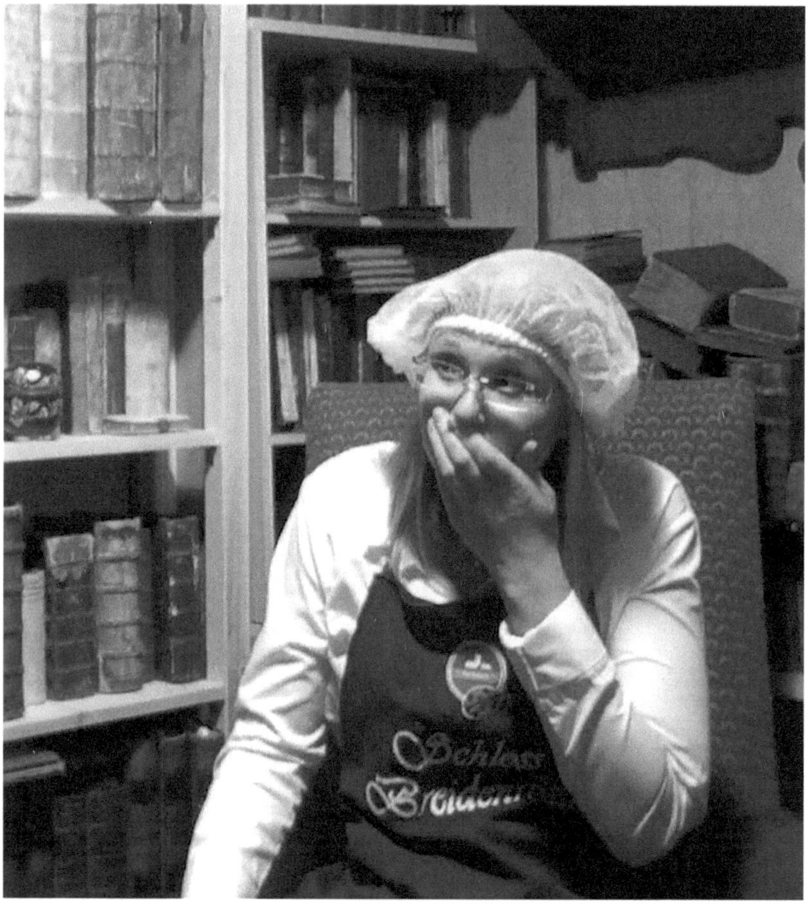

*„Hoffentlich hört sie mich nicht! Was suche ich hier?“*

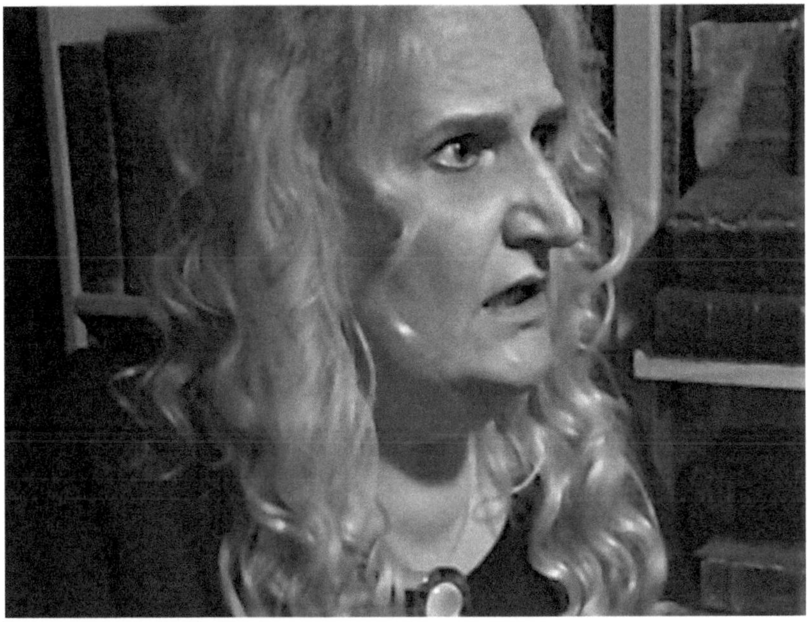

*„Es ist so furchtbar! Alles voller Blut!“*

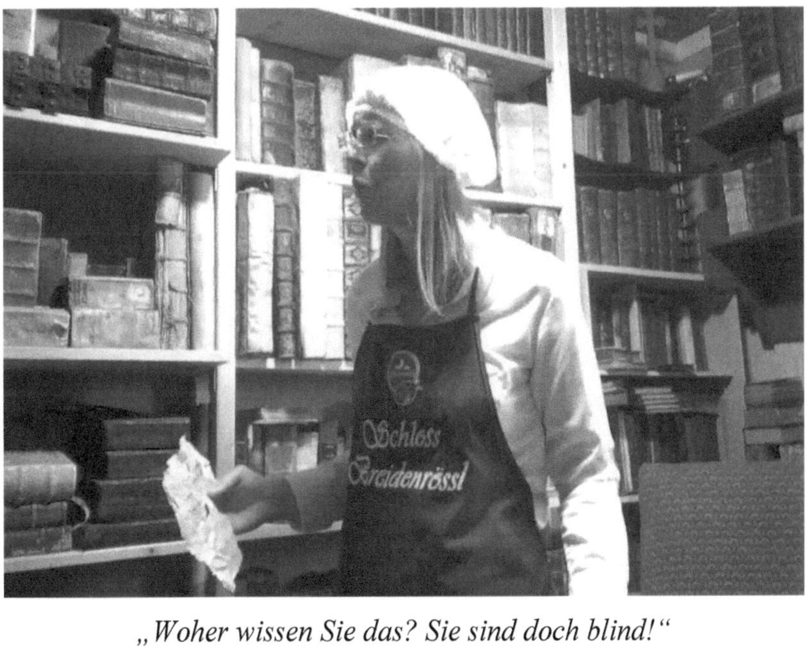


*„Woher wissen Sie das? Sie sind doch blind!“*

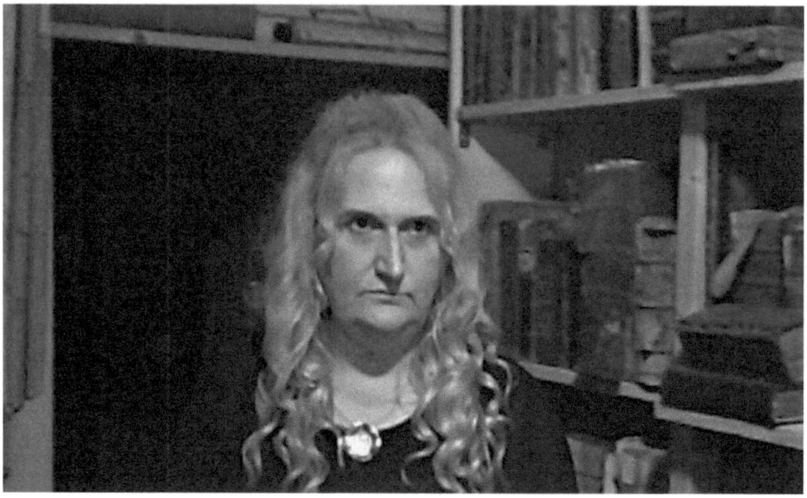

*„So viele Fragen! Und eine so unschöne Antwort!“*

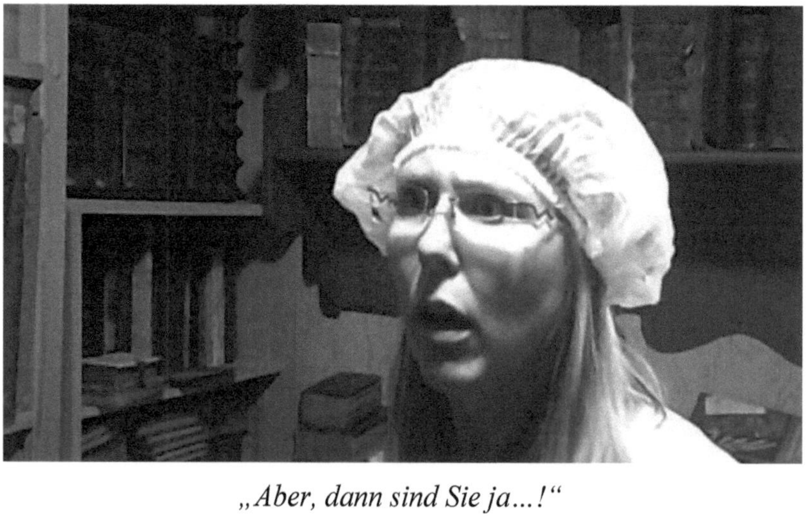

*„Aber, dann sind Sie ja…!“*

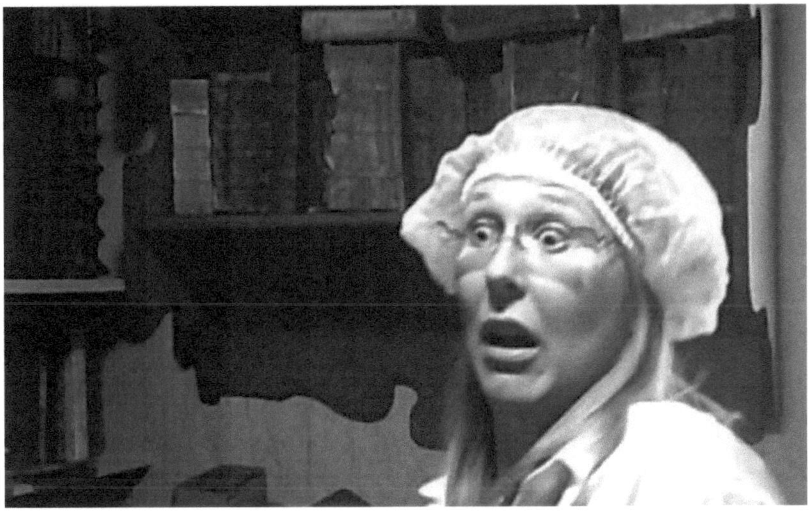

*„Ich werde schweigen wie ein Grab!“*

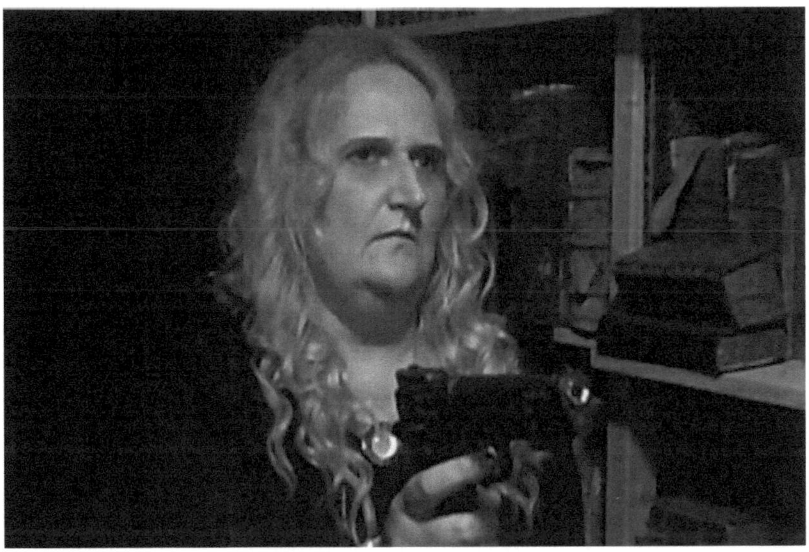

*„Stimmt, das werden Sie!“*

## Szene 19

MM *bestritt den Keller, sieht sich um, gefolgt von* ***Hinterwaldler*** *und* ***Purée****:* Und jetzt sagen Sie mir mal, was hier einen Mord an einem Kommissar wert sein soll. Wo hat er denn gelegen?

Hinterwaldler: Wahrscheinlich da hinten, in der Blutlache.

Purée: Vor dem Loch in der Hand.

MM *sucht dort den Boden ab, findet ein Stück Bernstein:* Nein, nicht wahrscheinlich, ganz sicher. *Sieht in das Loch:* Was haben wir denn da?

Hinterwaldler *sieht ins Loch:* Das gibt es doch gar nicht!

*Kriecht in das Loch, zieht das Skelett heraus, das einen Strick oder ein Stoffband um den Hals hat.* Wen haben wir denn da?

Purée: Erdrosselt.

MM: Und zwar vor einiger Zeit.

Hinterwaldler *kriecht zurück in das Loch, holt eine zweite Schachtel Bernstein heraus, öffnet sie, darin ein Zettel:* Das ist ja unfassbar. *Wärmebehandlung, Buchstaben werden sichtbar. Liest vor:* Umrandung des Simses an der Südwand Mitte. Steine 34 bis 65. *Betrachtet die Steine:* Tatsächlich, hier sind Nummern eingraviert. Das hier ist Nummer 58.

Purée: Das passt, das ist in dem genannten Nummernbereich.

MM: Das Bernsteinzimmer hier im absoluten Hinterland.

Purée: Wer wäre da jemals darauf gekommen.

Hinterwaldler: Die Geschichte wird mein Durchbruch! Ich habe die Exklusivrechte daran! Weltweit! Was für ein Glücksfall!

Purée: So so, junger Mann, dann haben Sie also das ganz große Los gezogen. Dann machen Sie sich mal an die Arbeit. Ich würde mich gerne zurückziehen und mich etwas säubern, ich habe mich beschmutzt an dem Toten da. Ich würde gerne duschen. Nun, ma chère, wollen wir den Topjournalisten dann mal alleine lassen, damit er ans Schreiben gehen kann? Ich denke, er muss sich jetzt ganz auf das Thema einlassen und sich vielleicht einfühlen, damit er auch wirklich eine einmalige Geschichte daraus machen kann.

MM: Na, dann lassen Sie uns beide Alten mal gehen, damit er sich einfühlen kann. Ich freue mich auf diesen Schreck erst einmal auf eine gute Tasse Tee.

Hinterwaldler: Danke sehr, die Herrschaften. Den Herren da können Sie mir dalassen, aber die Dose und den Zettel nehmen Sie bitte mit.

MM *steckt beides ein:* Dann gutes Einfühlen!

Purée: Ich will duschen, das ist ja furchtbar schmutzig hier. *Grinst:* Ich möchte kurz ein Nacktfrosch sein.

MM: Wie bitte?

Purée: Das werde ich Ihnen einmal erzählen, wenn Zeit dafür ist.

*Beide ab.*

Hinterwaldler *kriecht noch einmal in den Gang. Etwa eine Minute arbeitet er. Hinter ihm Schritte. Eine behandschuhte Hand mit Pistole wird in das Loch gesteckt, ein Schuss.*

*Man sieht bis zum Ende der Szene nur noch die Füße des toten Hinterwaldler.*

Männerstimme (Peacemaker) *nach einer kurzen Suche nach der zweiten Dose:* So ein Mist! Wo ist die Dose?

Schritte (Dobler)

Männerstimme: Sie ist weg! Die alte Schnepfe oder der bekloppte Franzose! Diese beiden miesen Schnüffler.

Dobler: Das wird sich regeln. Bisher läuft alles besser als gedacht. Wir sind bald durch und dann über alle Berge. Niemand verdächtigt uns.

*Beide ab.*

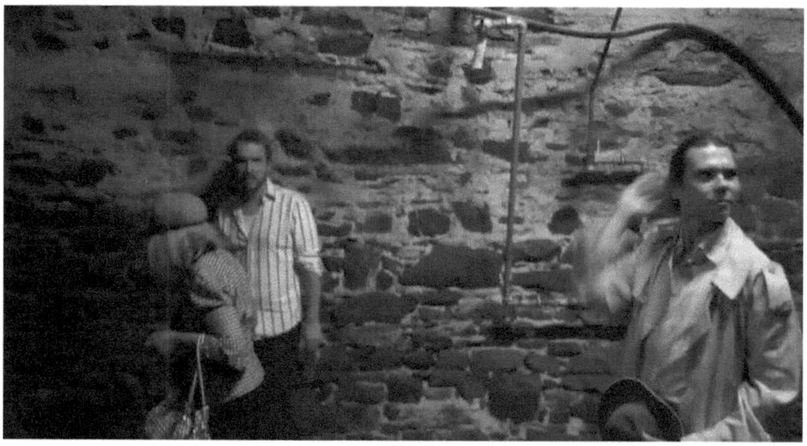

*Wo hat der Kommissar gelegen?*

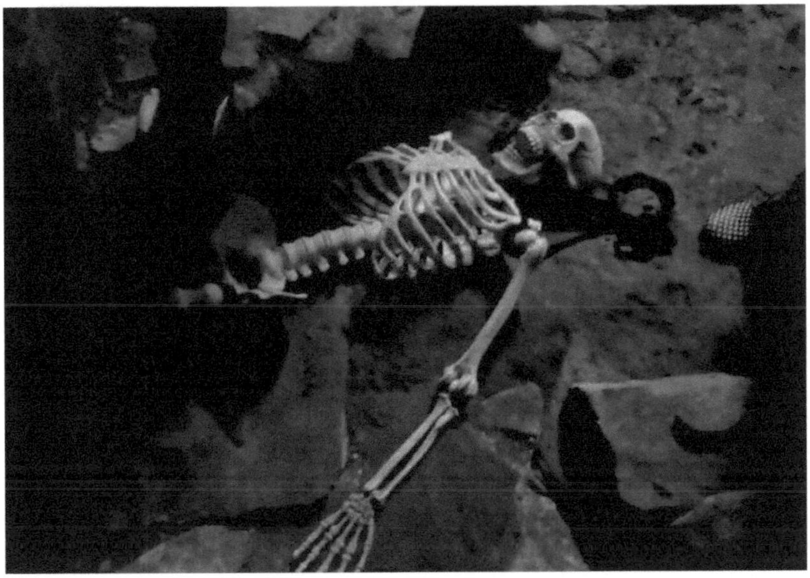

*Wen haben wir denn da mal wieder?*

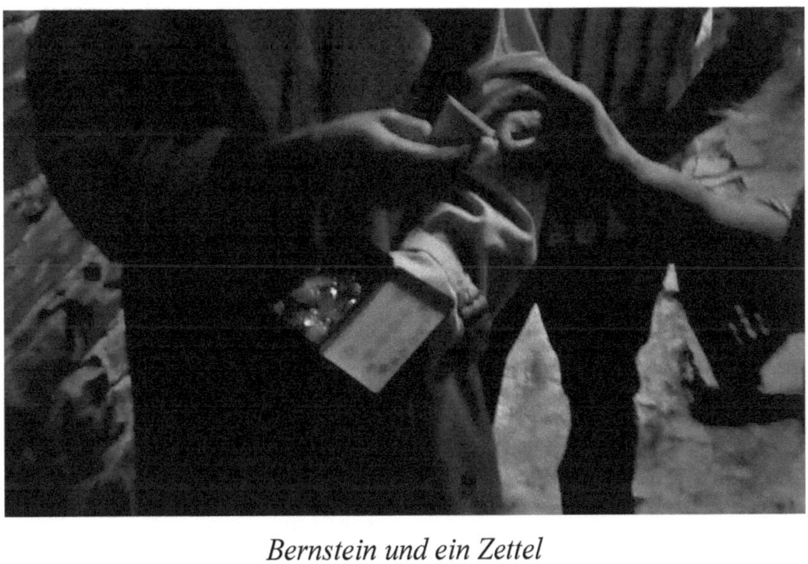

*Bernstein und ein Zettel*

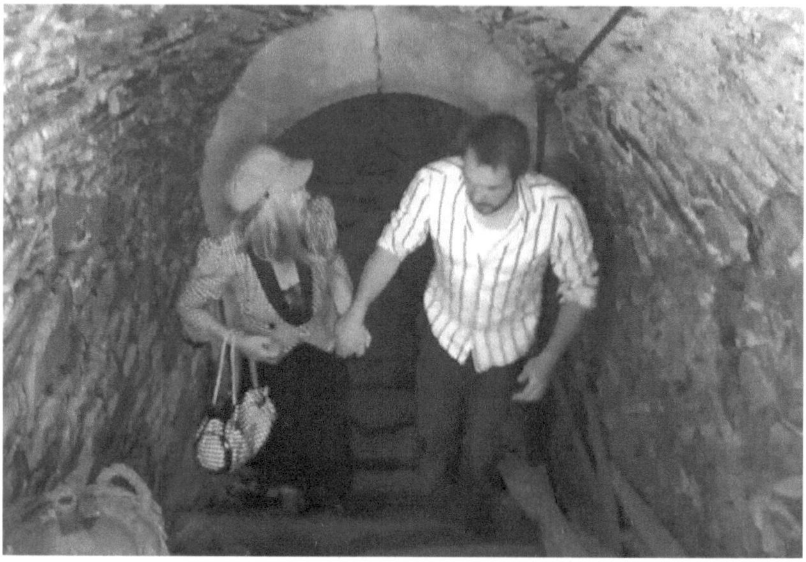

*„Ich möchte jetzt ein Nacktfrosch sein." – „Wie bitte?"*

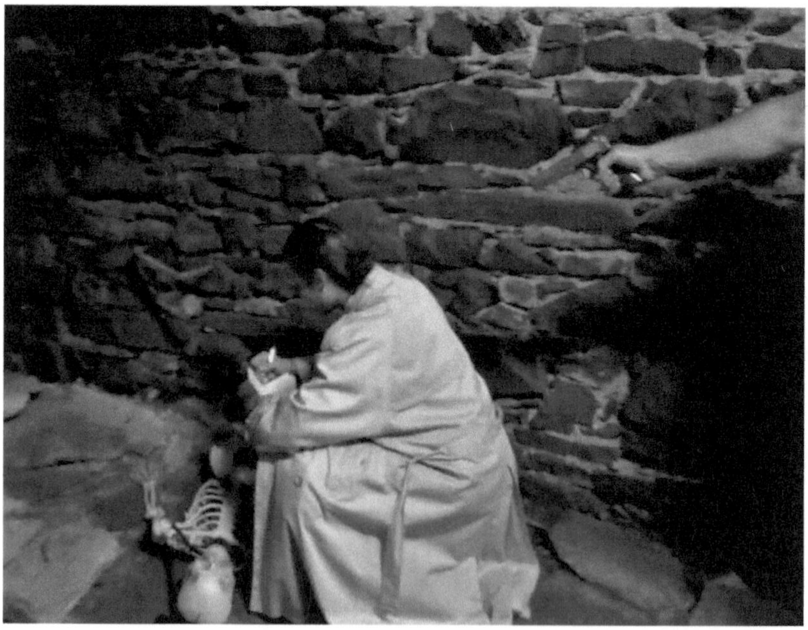

*Zu neugierig, zu neugierig.*

## Szene 20

Purée *steht unter der Dusche, nur durch die Schiebetür ungefähr zu sehen, singt fröhlich vor sich hin:* Ich bin ein kleiner Nacktfrosch, Nacktfrosch, Nacktfrosch, ich bin ein kleiner Nacktfrosch, ein Nacktfrosch, das bin ich... Superbe!

Trallallallalla Nacktfrosch, Nacktfrosch, Nacktfrosch usw.

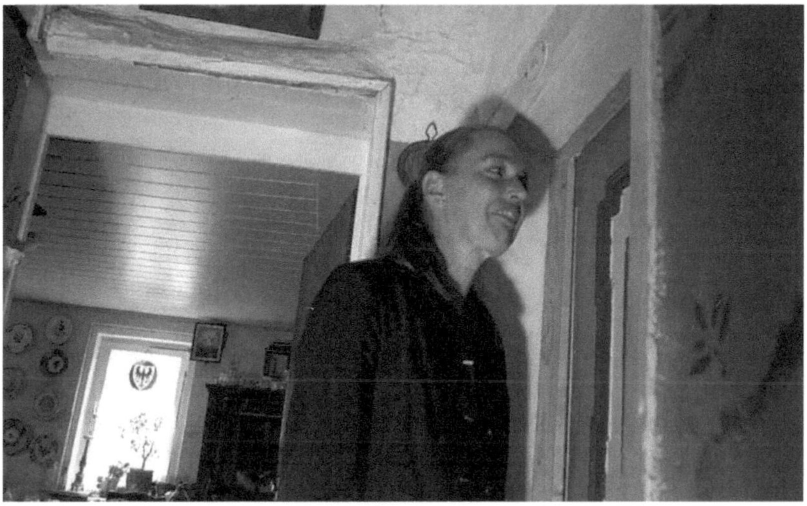

*„So so, da ist er ja!"*

## Szene 20 a

Purée *singt immer noch vergnügt das fröhliche Nacktfroschliedchen.*

Rosi *postiert sich grinsend vor der Dusche.* Monsieur Purée? Hallo?

Purée *stutzt:* Hallo? Ist da jemand?

Rosi: Ja, ich bin es, Rosi Butterfly-Knife. Kommen Sie bitte einmal kurz heraus? Ich muss dringend mit Ihnen sprechen. *Schnappt sich den Bademantel und die großen Duschtücher und stopft sie in die Wäschetonne. Nur ein kleines Handtuch mit Schlumpfmotiv lässt sie hängen.*

Purée: Äh ja, sehen Sie bitte, Madame, ich kann nicht herauskommen. Sie verstehen.

Rosi: Ja aber warum denn nicht?

Purée: Wie soll ich sagen, sehen Sie, ich… ich … bin.. nun ja, ich bin… im Moment… ich bin im Moment… nun einmal… *völlig verzweifelt* … Ich bin im Moment ein kleiner Nacktfrosch! Sie verstehen?

Rosi: Ach so. Na gut, ich warte draußen, im Salon. Bitte beeilen Sie sich! Es ist dringend. *Verlässt breit grinsend das Bad.*

Purée: Hallo? Sind Sie weg? Hallo? *Öffnet vorsichtig die Dusche, sieht durch den Spalt, will nach den Duschtüchern greifen, findet aber nur das kleine Handtuch.* Das kann doch wohl nicht wahr sein? Merde!

*Bedeckt sich so gut es geht mit dem Handtuch und folgt Rosi aus dem Bad.*

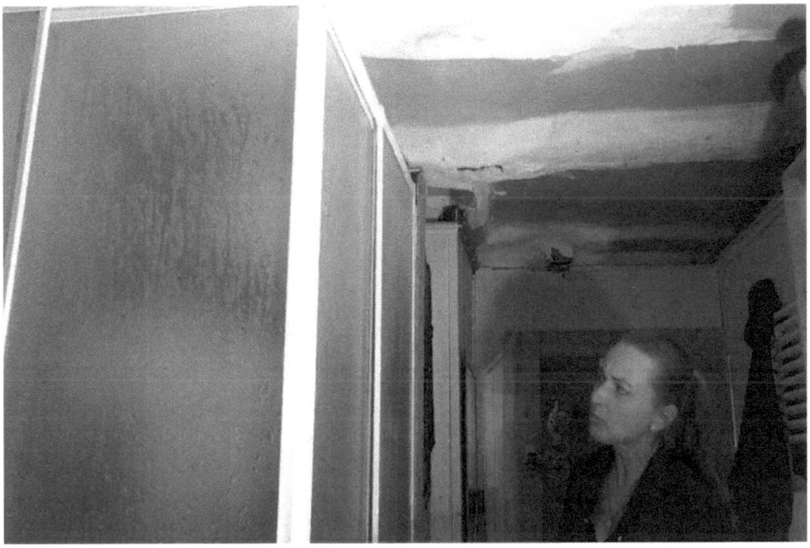

*„Ist da jemand?“*

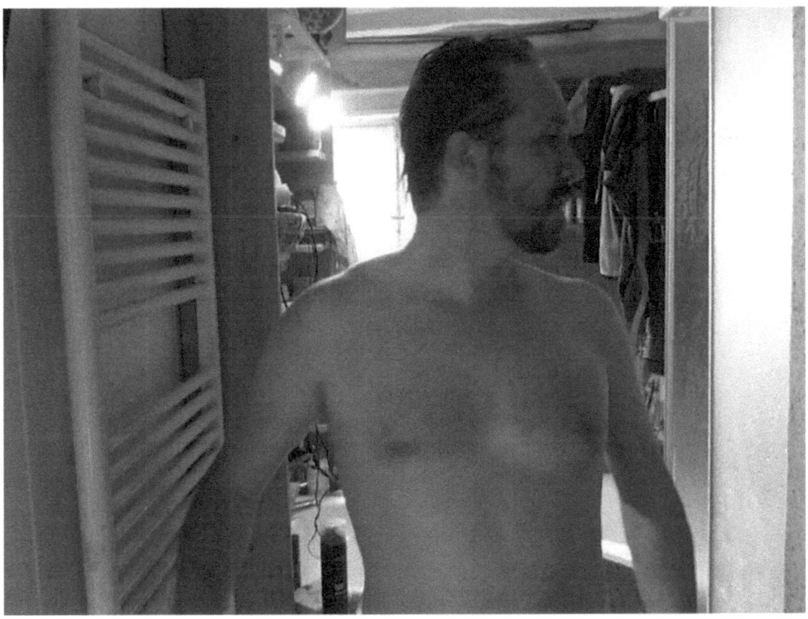

*„Wo sind meine Kleider?“*

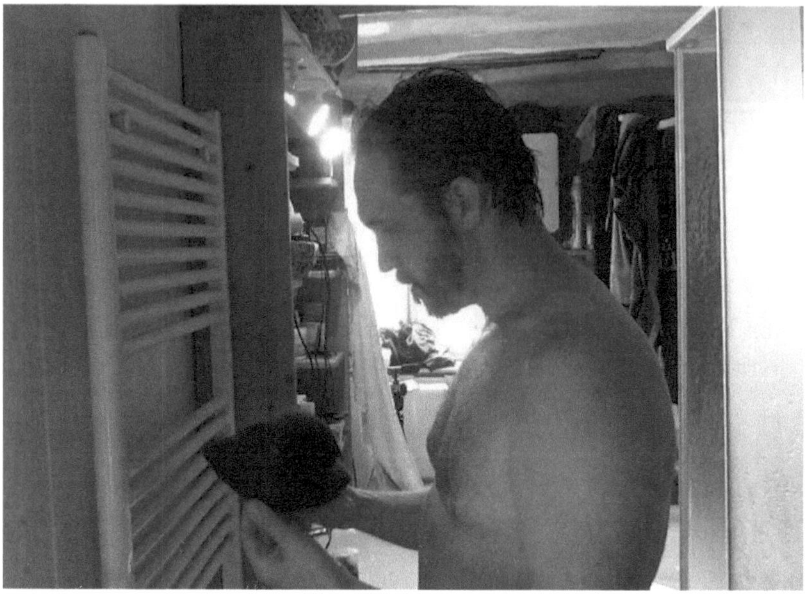

*Reicht die Mütze diesmal für …?*

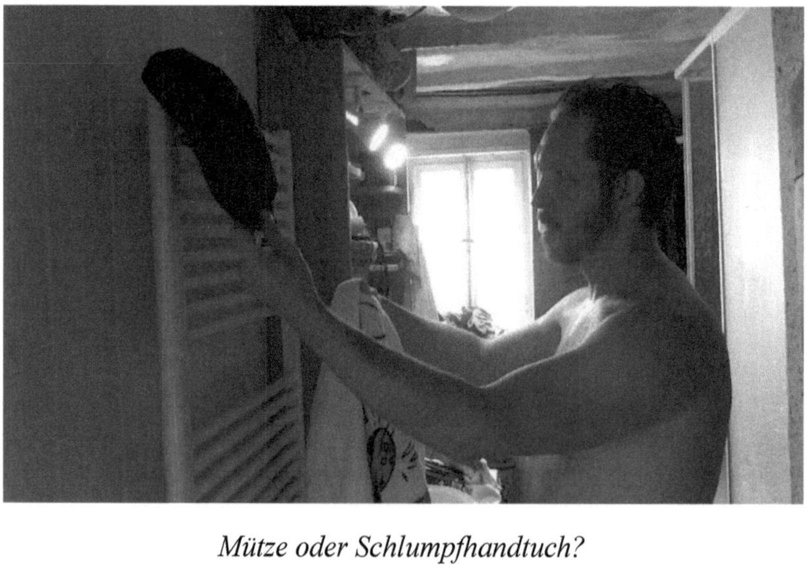

*Mütze oder Schlumpfhandtuch?*

## Szene 21

*Im Salon vor dem Buffet*

Rosi: Ach mein lieber Monsieur Purée, wie schön Sie zu sehen.

Purée *hält das Handtuch vor sich*: Bitte entschuldigen Sie, dass ich Sie nicht wie es einer Dame zukommt begrüßen kann, aber ich benötige im Moment beide Hände, Sie verstehen…

Rosi *schaut an Purée herunter und lächelt.* Durchaus.

Purée: Nun Madame, dürfte ich Sie bitten mir schnell mitzuteilen, was Sie von mir wünschen?

Rosi *zückt ihren Dienstausweis der CIA:* Nun ja, Monsieur, das ist sehr schnell erklärt. Sie wissen ja, wer ich bin und wer hinter mir steht. Und das ist das Problem: Ich bin Profi, Sie nicht. Sie stören, Sie und die Schnüfflerin aus England, Miss Merwel. Ich fordere Sie ultimativ auf, die Untersuchungen der Central Intelligence Agency der Vereinigten Staaten von Amerika in keiner Weise durch Ihre privaten „Untersuchungen" zu behindern. Am liebsten wäre es mir, Sie reisten ab. Noch heute. Und zwar alle beide. Ich habe mit Miss Merwel bereist alles abgeklärt.

Purée *lächelt süffisant:* Miss Merwel hat Ihnen gesagt, dass Sie Ihretwegen abreisen wird?

Rosi *sehr ärgerlich:* Sie hat mir mitgeteilt, dass sie sehr gerne abreisen wird.

Purée: Sicherlich nicht ohne den Nachsatz, sobald sie hier alles erledigt habe, was sie für wichtig oder interessant hält, n'est-ce pas, Madame? Es gibt Morde aufzuklären, und da sind Miss Merwel und meine Wenigkeit….

Rosi *heftig:* … hier völlig überflüssig! Es geht hier um etwas, das für Sie kleine Amateure viel zu groß ist! Halten Sie sich da raus! Einfach raushalten, wenn Sie überleben wollen! Verstanden?

Purée *will erklären, dreht sich nach Worten suchend um, nimmt eine deklamatorische Geste ein.* Also, liebe Miss Weltmacht USA, ich als Bürger Frankreichs und hier nicht auf dem Staatsgebiet der Vereinigten Staaten befindlich…

*Die Tür zum Flur öffnet sich.* **Rosi** *blickt kurz hin, dann genauer, erschrickt*: Das wagst du nicht!

*Ein Schuss fällt,* **Rosi** *bricht zusammen.*

Purée *will zur Tür, muss aber das Handtuch festhalten:* Halt! Halt! Merde!

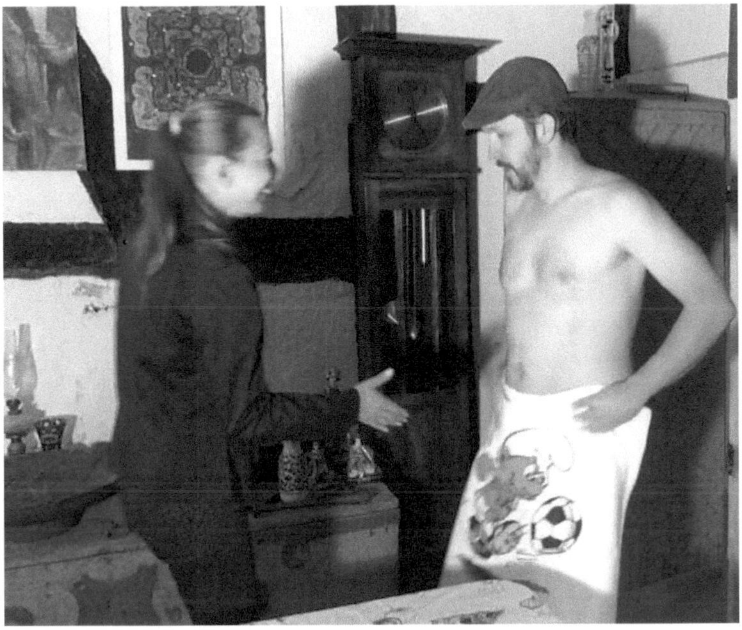

*„Leider kann ich Sie nicht begrüßen, wie es einer Dame zusteht, Sie verstehen!“*

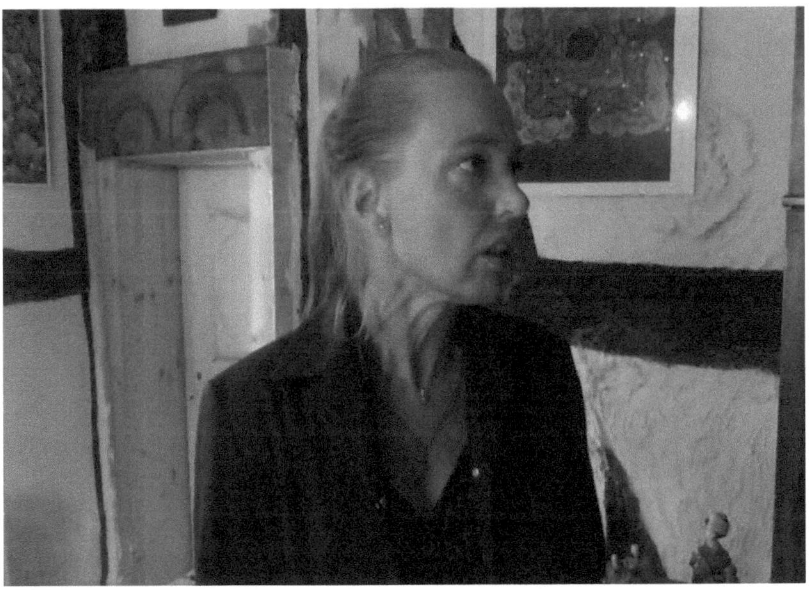

*„Sie stören, Sie und diese Schnüfflerin!“*

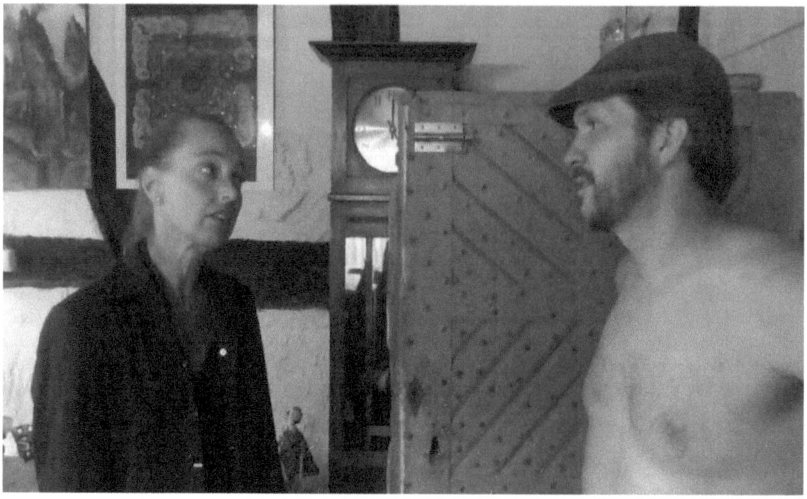

*„Diese Sache ist viel zu groß für zwei Amateure!"*

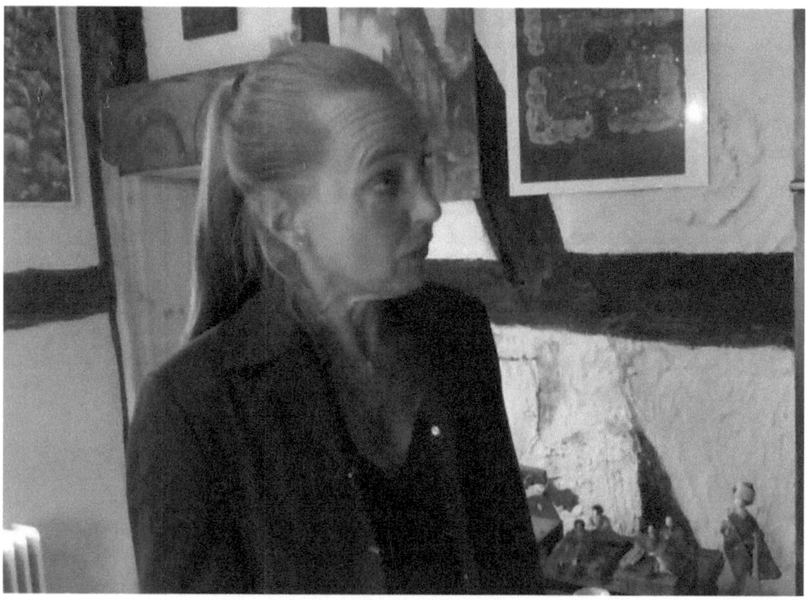

*„Ich fordere Sie auf, zu gehen, wenn Sie überleben wollen!"*

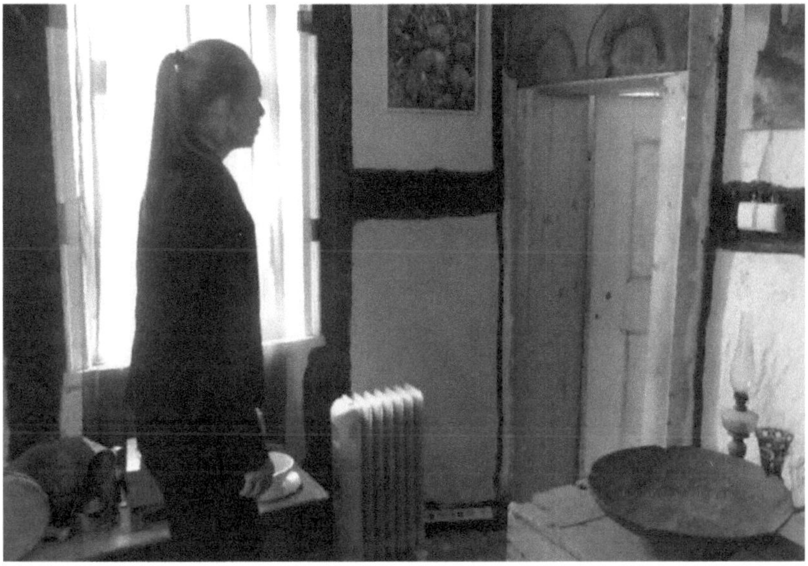

*„Das wagst du nicht!“*

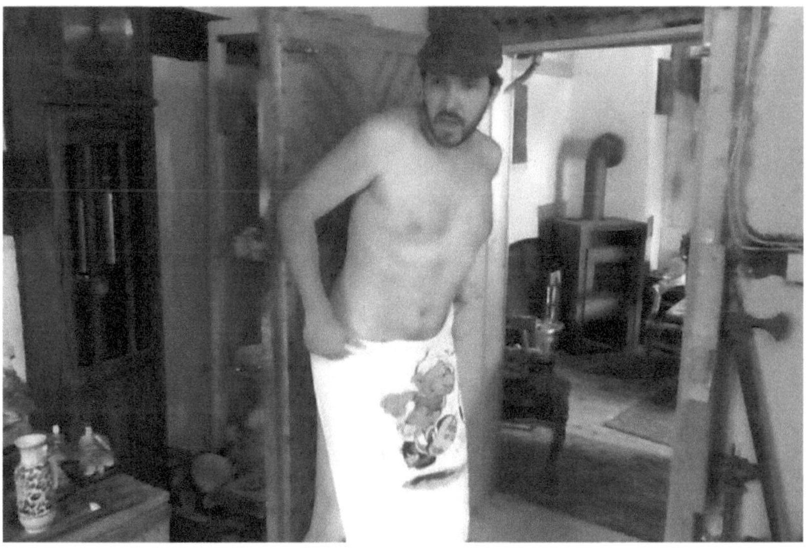

*„Halt! Stopp! Merde!“*

## Szene 22

*Vor dem Eingang zum Keller.*

Cappuccina *sieht durch die offenen Tür:* Hallo? Peacemaker? Bist du da unten? Hallo? Vollidiot? Da unten? Hallo? Das ist ja nicht zu glauben! Bestellt der mich hierhin, alles offen, aber der Kerl nicht da! Ich sollte ihn nur noch Johnny nennen, wo er doch so ein Depp ist! *Sieht sich um und geht in den Keller. Findet dort das Skelett und Peacemaker, der seine Pistole gegen ein Messer getauscht hat. Zeigt auf das Skelett:* Na sowas? Sollte ich den noch kennen? *Wartet auf die Antwort, die nicht kommt.* Und was ist? Was soll das Ganze hier? Was soll ich hier indem kalten nassen Loch? Ist das da jemand den ich kenne oder warum muss ich ihn treffen? Hast du was über das Bernsteinzimmer herausgefunden? O Mann, red endlich!

Peacemaker: Es geht alles so, wie es soll. *Geht die Treppe hinauf, sieht sich um, ob draußen jemand kommt, schließt die Tür und verriegelt sie von innen.*

Capp.: Was soll das? Lass den Mist und erzähl endlich.

Peace.: Ja, ich bin dem Bernsteinzimmer auf der Spur. Es ist hier. *Nimmt sehr ruhig heimlich hinter seinem Rücken das Messer aus dem Gürtel.* Ich danke dir sehr für die gute Vorarbeit. Sie war sehr nützlich. Aber jetzt...

*ersticht die überraschte Capp.* …bist du eher hinderlich.

Capp.: Dreckskerl!

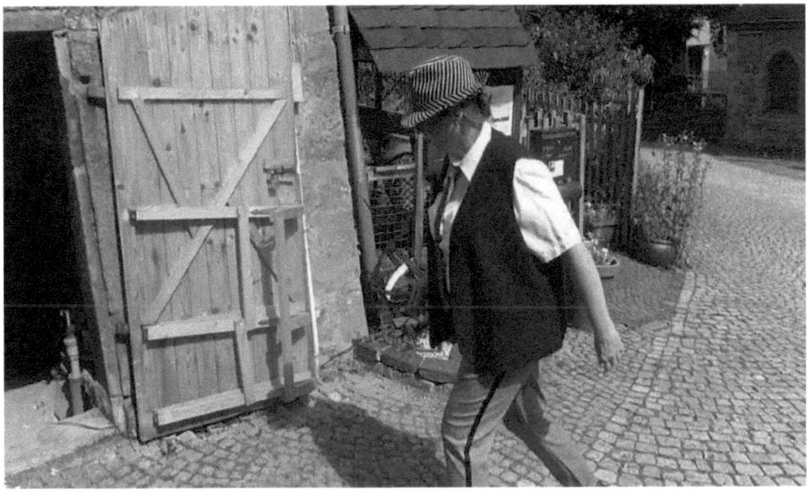

*„Warum bestellt der mich denn hierher?“*

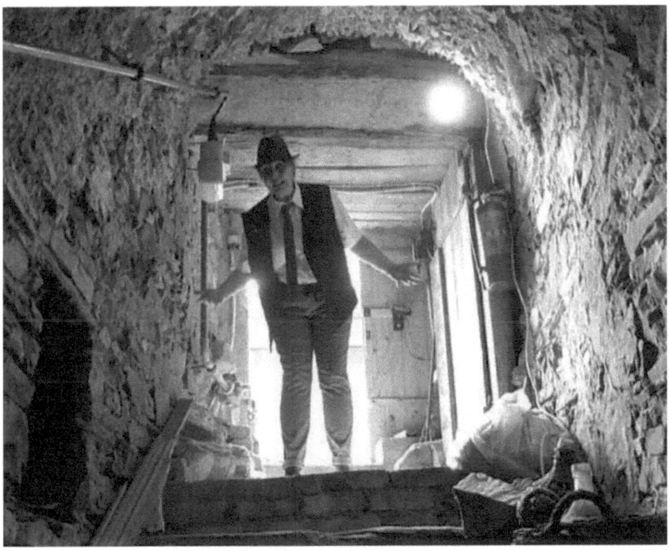

*„Hallo! Ist da wer?“*

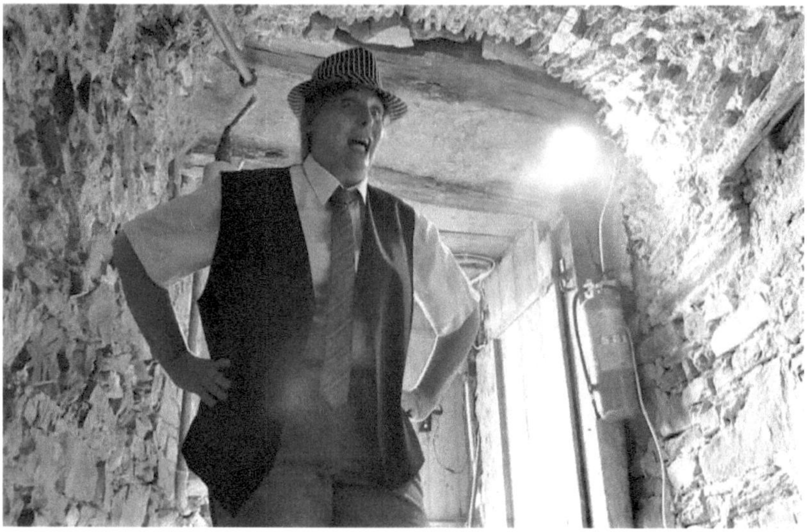

*„Ich nenne ihn nur noch Johnny, den Depp!“*

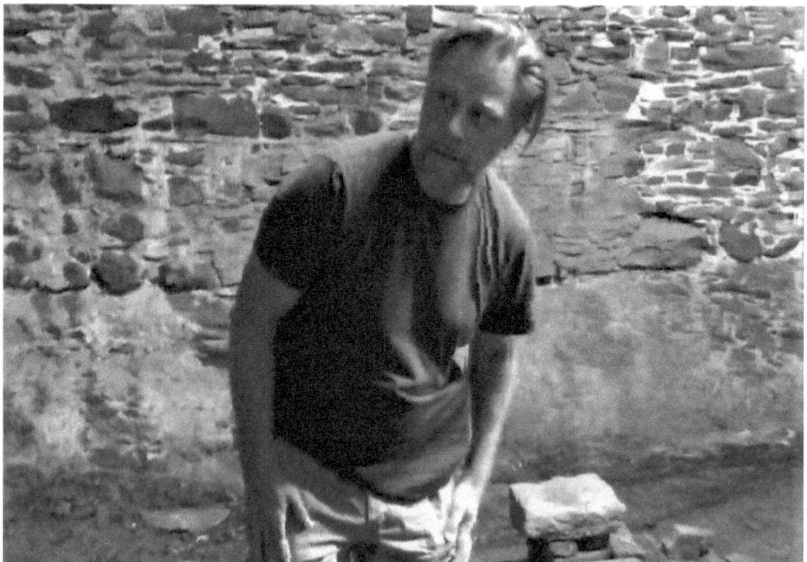

*Ja, hier ist jemand!*

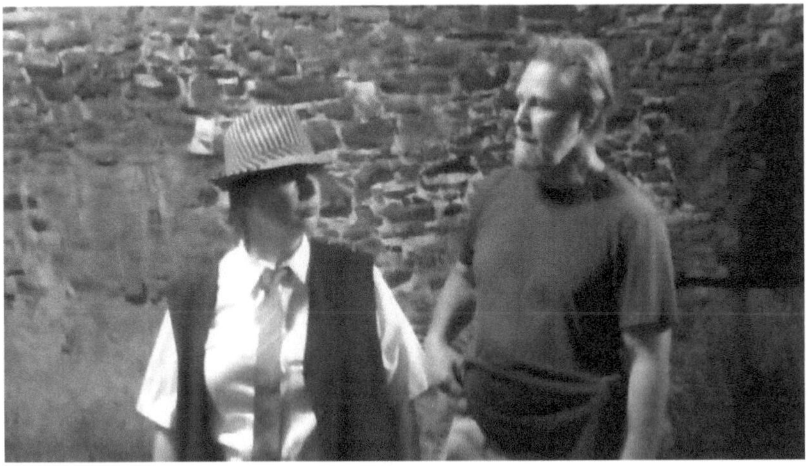

*„Du warst nützlich!“*

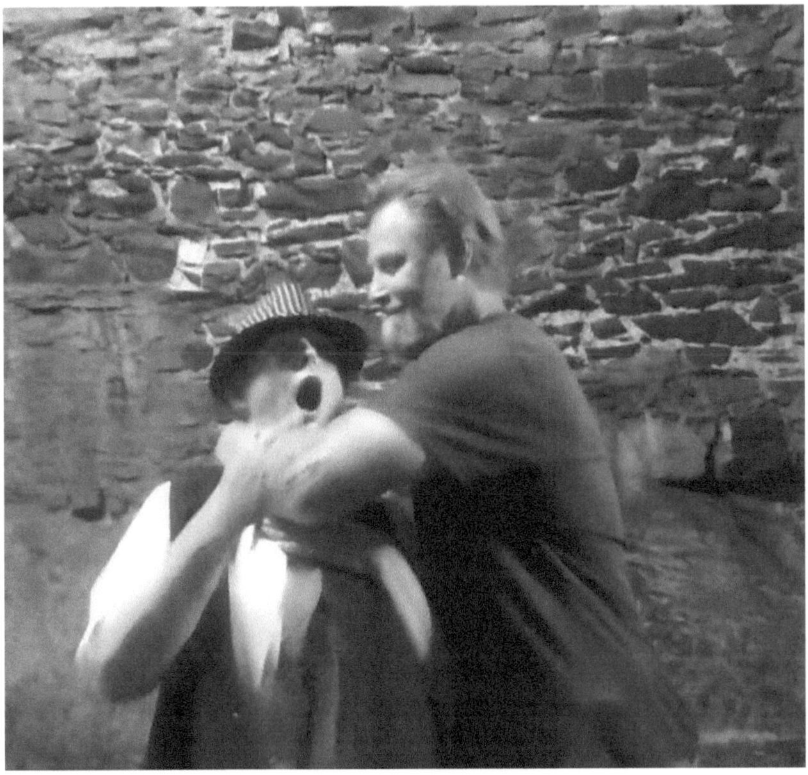

*„Bis jetzt!“ – „Drecksack!“*

## Szene 23

MM *in der Bibliothek, sucht nach einem Buch:* Wo ist das denn nur? Ich hab es doch gestern noch in der Hand gehabt. Da ist das eine… *zieht ein Buch über das Bernsteinzimmer aus dem Regal, sieht hinein…* aber das war es nicht. Ich hätte misstrauisch werden sollen, dass die so viele Bücher zu diesem Thema hier haben.

Dobler *von hinter MM:* Allerdings hätten Sie das, Miss Merwel. Eine Frau von Ihren geistigen Fähigkeiten hätte da besser kombinieren können sollen.

MM: A, liebe Frau Dobler Matterbusch, wie geht es Ihnen? Ich bin gerade an einer großen Sache dran. Sagt Ihnen das Bernsteinzimmer etwas?

Dobler: Ja, durchaus. Es muss sehr prachtvoll gewesen sein, bevor es im Zweiten Weltkrieg verbrannte. Obwohl, angeblich ist es ja gar nicht zerstört worden, sondern wurde irgendwo versteckt.

MM: Nicht nur irgendwo, sondern hier, in Breidenrössl! Stellen Sie sich das mal vor!

Dobler: Dann wäre es ja herrlich, wenn man es wieder finden und neu einbauen könnte. Das muss herrlich aussehen, all das goldfarben schimmernde Bernsteinlicht. Dieses satte Gelbgold, un die Nuancen in schwarzem und braunem Bernstein, wunderbar.

MM *stutzt:* Das sind erstaunliche Farbbeschreibungen für eine Blinde! Sind Sie…

Dobler: Ja, Miss Merwel, ich bin sehbehindert, aber manchmal ist etwas Übertreibung überaus hilfreich. Blind bin ich tatsächlich nie gewesen. Aber nur so konnte ich tun, was ich tun wollte. Reich werden. Sehen Sie Madame, wenn alle intensiv hinsehen, um einen Täter zu finden, dann ist es manchmal gut für den Täter, wenn er sich durch Blindsein dem Gesehenwerden entzieht. Das ist, wie wenn man im Räuber- und Gendarmspiel das Licht ausmacht. Für mich sehr amüsant. Und jetzt stört mich niemand mehr, alle sind weg, bis auf Monsieur Purée und Sie. Nachdem auch Hinterwaldler endlich nicht mehr seine Nase …

MM: Hinterwaldler ist tot? Das ist unmöglich! Ich habe Sie gesehen, wie sie im Garten waren, praktisch die ganze Zeit, außer, als ich selbst mit Hinterwaldler zusammen war. Sie, Sie haben einen…

Dobler: Sie würden Komplize sagen, ich sage notwendigen Helfer, der hofft, mit mir zusammen das Leben in Reichtum verbringen zu können. Er ist ein wenig dumm. Aber allzu hellsichtig darf er ja auch nicht sein, wenn Blindheit gegen ihn helfen soll, nicht wahr? Es hat Jahre gedauert, bis er seine Chefin davon überzeugen konnte, dass sich ein Ausflug ins Hinterland lohnen würde. Und dann muss seine alte Kollegin auftauchen und sich in alles reinhängen. Aber nachdem wir sogar die einzige Polizeiperson vor Ort ausschalten konnten…

MM: Sie haben den Kommissar ermordet?

Dobler: Ja, das musste ich selbst tun, Auch ehemalige CIA-Agenten können nicht an zwei Orten gleichzeitig sein. Aber wir brauchten ja einen Köder für unsere beiden Meisterdetektive.

MM: Aber warum? Was bringt es Ihnen, uns zu töten? Wissen Sie, wo das Bernsteinzimmer ist?

Dobler: Natürlich weiß ich das, ich weiß ja auch, wo es war. Im Geheimgang beim Skelett meines Großvaters, eines Mannes bei der Waffen-SS, der es dort versteckt hat und von seinem Kameraden, dem damaligen Graf von Breidenrössl ermordet wurde. Aber der fiel dann selbst in den letzten Kriegstagen. Mein Großvater hatte noch Feldpostbriefe nach Hause geschickt, die schön mit Bleistift geschrieben waren, und mit Zitronensaft in der zweiten Schriftebene, weshalb die Zensur sie nicht entdeckte. Meine Mutter und mein Vater daher wussten Bescheid, aber wir konnten ja nie einfach hier ins Schloss marschieren. Bis die von Breidenrössls so verarmten und das Hotel eröffnen mussten. Gräfin Breidenrössl wusste natürlich auch, was in ihrem Schloss liegt, aber sie hoffte immer nur, dass es eine Gelegenheit geben würde, das Zimmer irgendwann zu „finden“ und dann eine große Belohnung vom russischen Staat zu erhalten. Aber der bekam ja dann den Nachbau geschenkt, und hätte nichts mehr gezahlt.

Aber ich werde es an reiche Privatsammler verkaufen. Das bringt mehr. Und wie ideal, dass mein Helfer inzwischen bei der Mafia ist, so dass jeder denken wird, Sie und Monsieur Purée seien einem Mafiaverbrechen auf der Spur gewesen, wenn man ihre Leichen finden wird, wie die einer großen Mafiapatin. So etwas Dummes, Opfer in einem Bandenkrieg. Wie schade. Und wie ungeheuer hilfreich. Wer sollte da eine einfache blinde Frau, einen Hotelgast verdächtigen?

MM: Das klingt leider glaubwürdig. Und? Wie wird es weitergehen?

Dobler: Naja, das Bernsteinzimmer ist ja jetzt komplett in meiner Hand, da ich mir erlaubt habe, die Dosen alle in meinen Besitz zu bringen. Ich warte jetzt noch auf meinen Helfer, und Sie werden mich dabei nicht stören. Adieu, Miss Merwel! Sie waren hilfreich. *Erschießt MM.*

Purée *betritt den Raum.* Was war das für ein Knall? Miss Merwel, ich bin da! Wo sind Sie? *Er erkennt Dobler lächelnd:* Ah, Madame! Haben Sie Miss Merwel gesehen? Sie wollte mir etwas… *Sieht die Pistole in ihrer Hand, erkennt, dass sie offensichtlich nicht völlig blind ist; erstaunt:* Madame?

*Ein Knall,*

Purée *mit sehr verwundertem Gesicht, das er beibehält:* Quelle surprise! Oooooooooooh. *Fällt nach vorne aus dem Bild.*

*Hinter Purée steht grinsend* **Peacemaker,** *in seiner Hand eine Pistole.* Wie gut beobachtet, Monsieur Purée, welche Überraschung!

Dobler *lächelnd:* Stimmt, mein Liebling! Welche Überraschung! *Hebt die Pistole, erschießt Peacemaker.*

*Im Fallen löst sich ein Schuss aus Peacemakers Pistole ein Schuss, trifft Dobler-Matterbusch. Sie fällt zu Boden.*

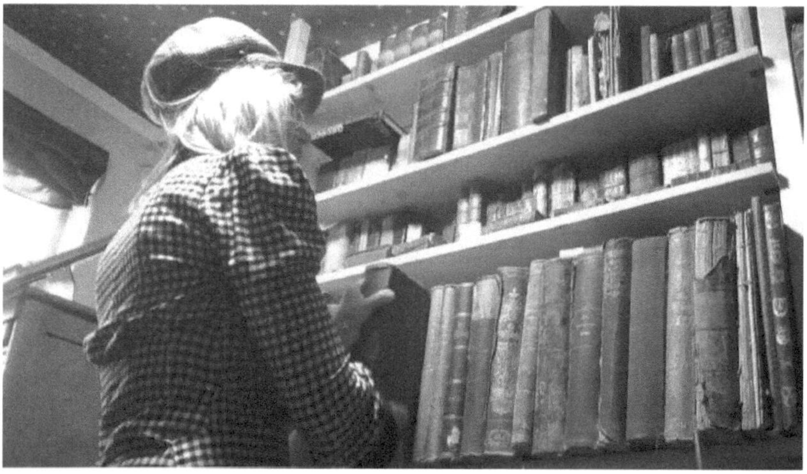

*Wo ist es bloß?*

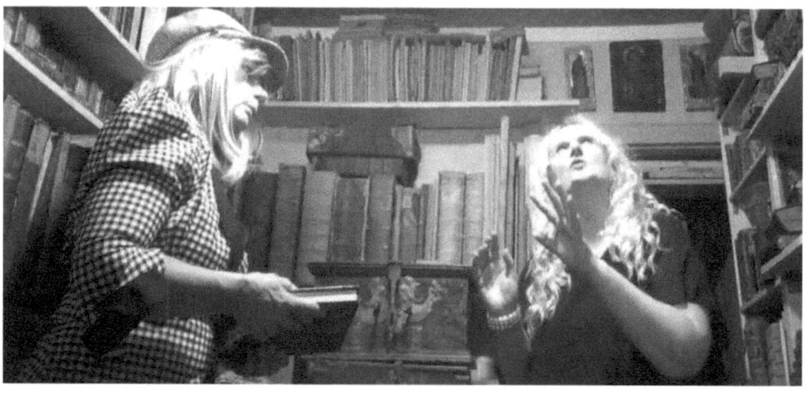

*„Es war so einfach!“*

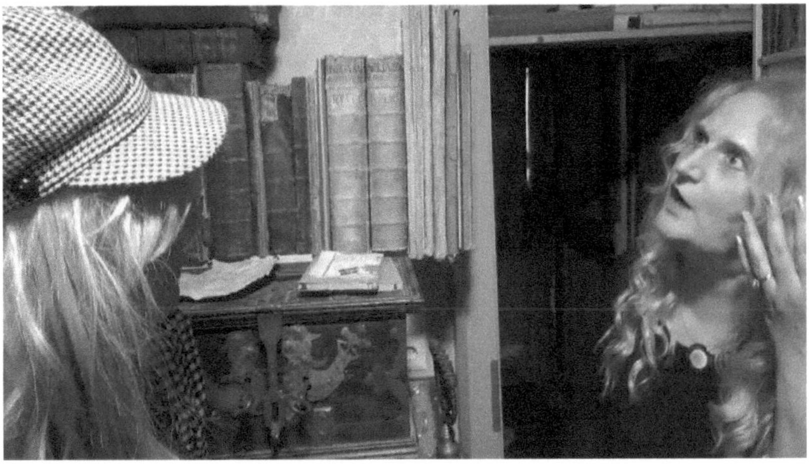

*„Wer verdächtigt schon eine arme Blinde?“*

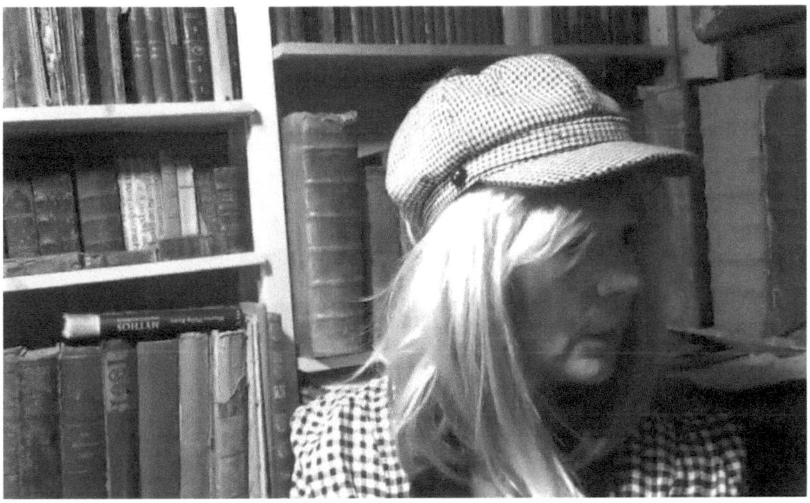

*„Sie haben wohl einen...?“*

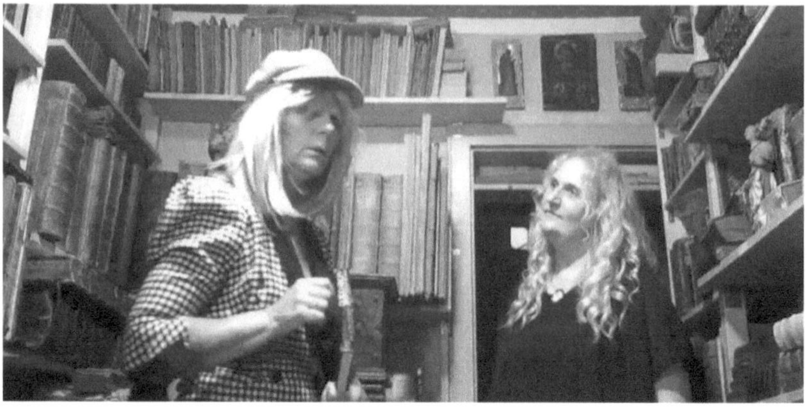

*„...Komplizen? Natürlich!"*

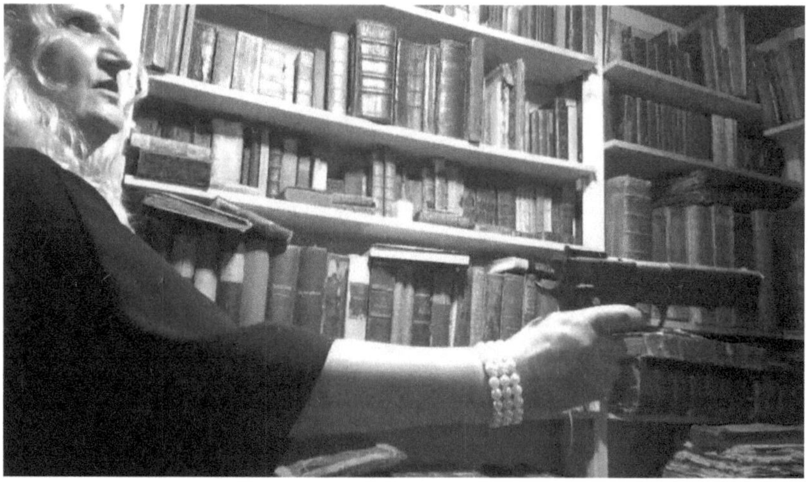

*„Leben Sie wohl, Miss Merwel!"*

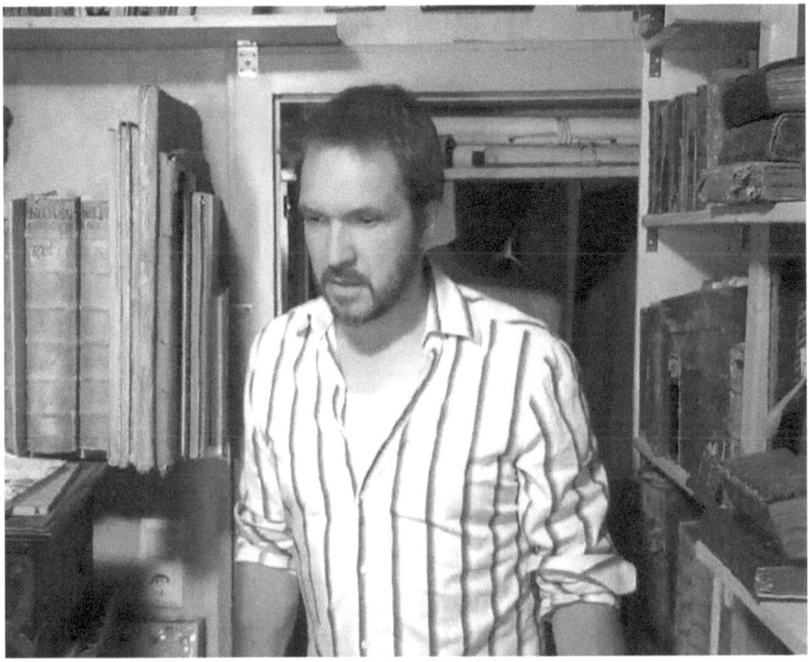

*„Ich suche Miss Merwel…“*

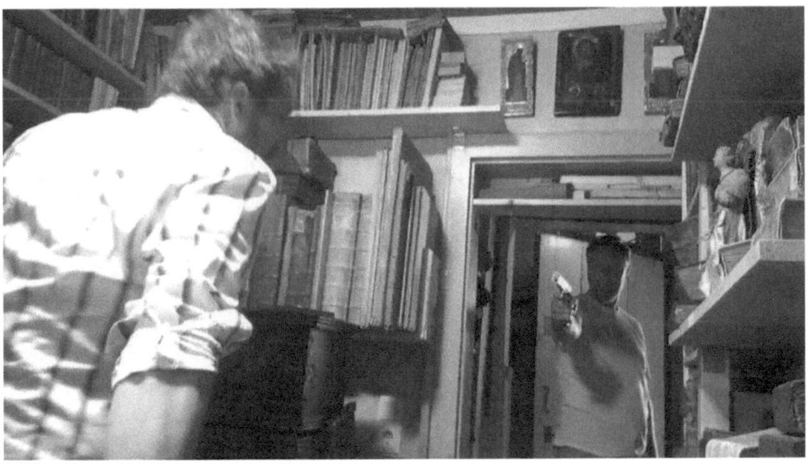

*„Quelle surprise!“*

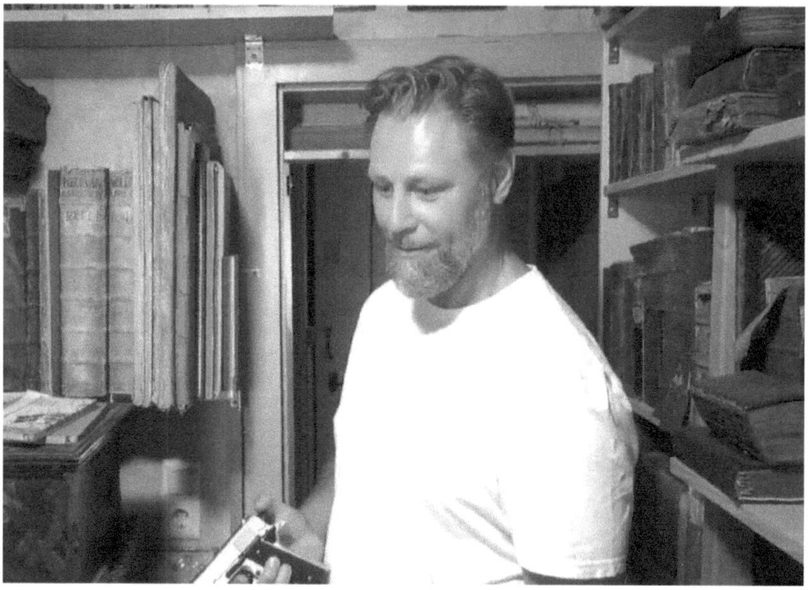

*„Allerdings, Monsieur Purée, welche Überraschung!“*

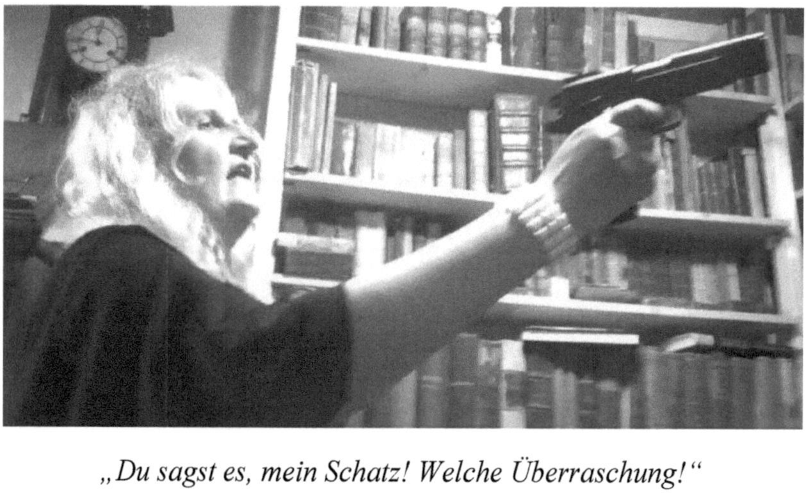

*„Du sagst es, mein Schatz! Welche Überraschung!“*

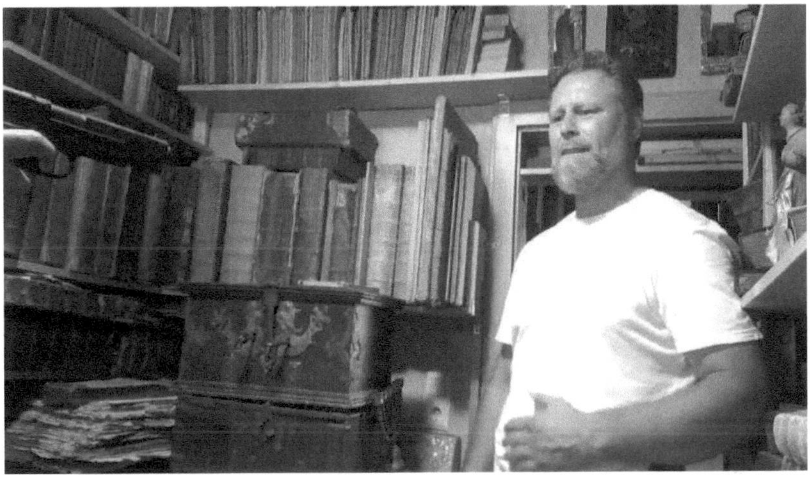

*vorletzter Schuss*

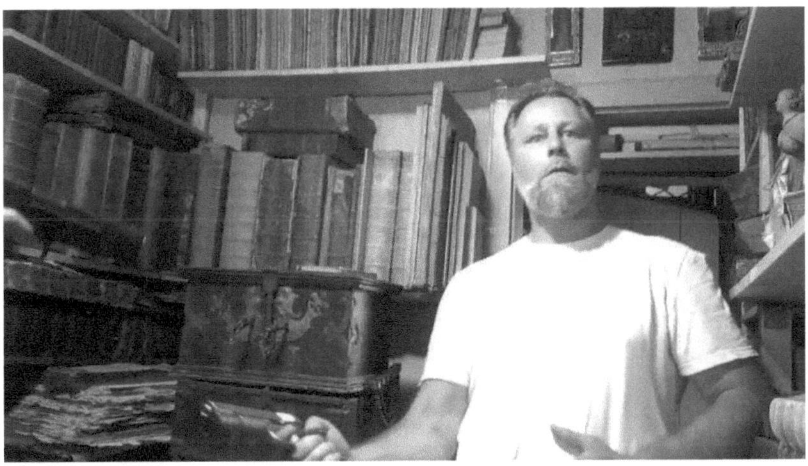

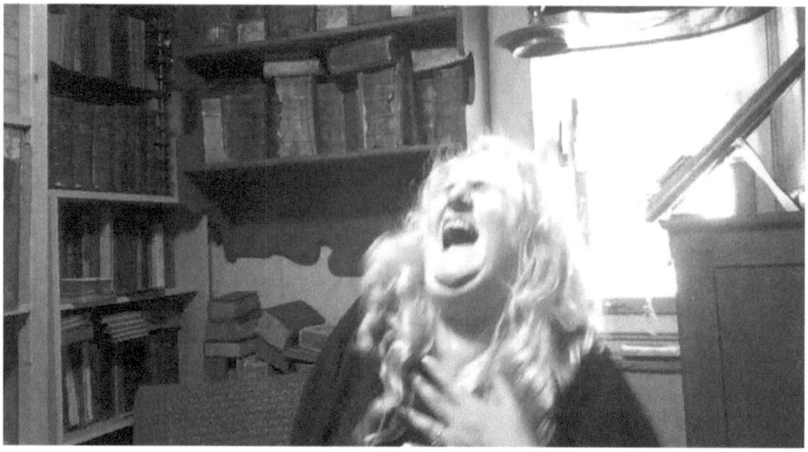

*letzter Schuss*

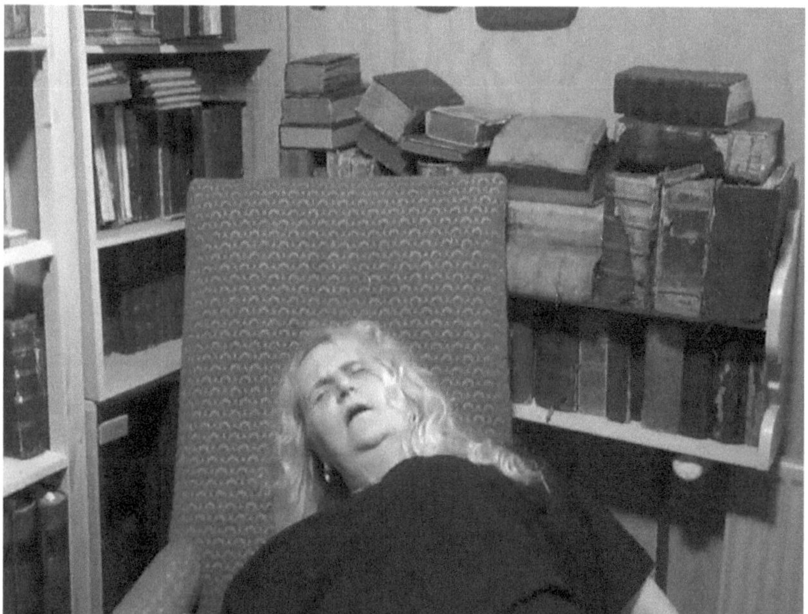

## Szene 24

*Vor Schloss Breidenrössl*

Der Hotdog-Verkäufer: Dort sehen Sie Schloss Breidenrössl am Perftalsee. Angeblich liegt dort irgendwo das Bernsteinzimmer versteckt. Aber niemand weiß da etwas Genaues. Ein Hotdog gefällig?

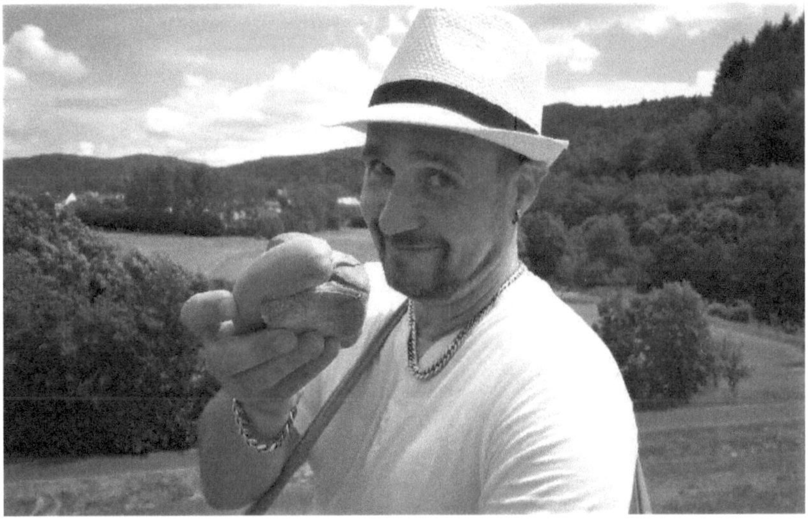

# Ende

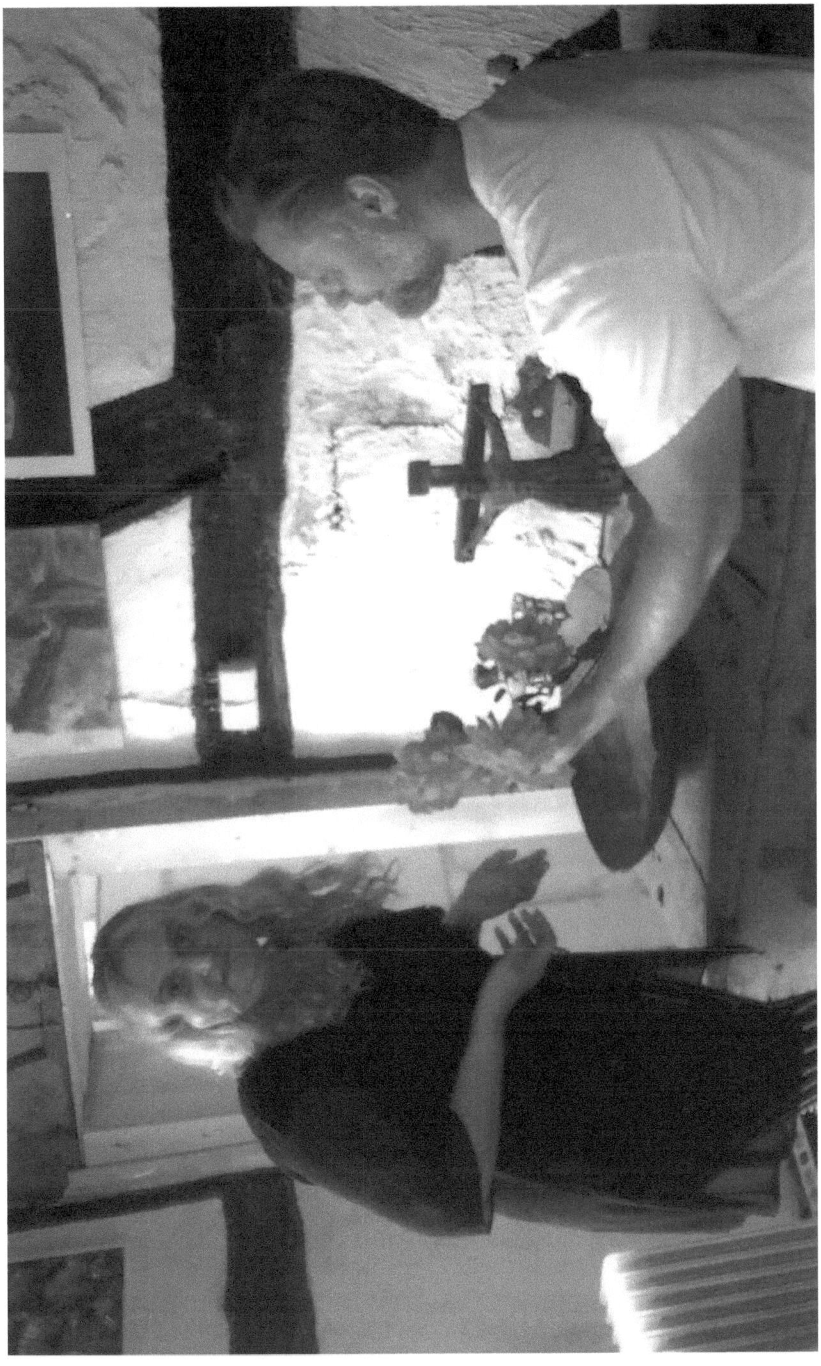

*Nicht aus dem Film, eine Szene am Rande….*

# Theaterstücke von Christoph Kaiser:

Die Herren von Schloss Katzenbach;
Ein Geisterstück, basierend auf Geister? Geister! Geister???
ISBN 9789463864213

Dreimal ein Phönix; Über den dritten Stadtbrand Biedenkopfs
1717 ISBN 9789463860246
mit den Bildern der Aufführung ISBN 9789463866422

Geister? Geister! Geister??? Ein Geisterstück über einen
Schlosskauf ISBN 9789463860307

Die drei Schwerter; Eine Zeitreise in neun Szenen
ISBN 9789463860529

Einakter und Szenen aus Hessen; Kurze Theaterstücke meist aus
dem hessischen Hinterland ISBN 9789463861892

Stille, in die Regen fällt; eine kurze Szene über das eigene
Paradies. ISBN 9789463862745

Selavinia oder Zwei Orte, eine Zeit; ein Theaterstück über
Gerechtigkeit und Unrecht, Reichtum und Armut; über die
zeitgleichen Welten auf dem Planeten Erde; und über
Beziehungen und verpasste Chancen. ISBN 9789403604138

1631; Ein Stück über den Prozess gegen die Biedenköpfer Hexe
Henrich Sangen ISBN 9789463863018 und
ISBN 9789463987356 (mit Bildern aus dem Film)

Klamauk, Klamauk! Über das Theater, Kultur und das, was man
sagen darf. Mit einem unveröffentlichten Einakter von August
von Kotzebue.
ISBN 9789463980142

# Weitere Bücher von Christoph Kaiser

Bauerntracht in Wandel und Beharrung; Über die Tracht im Untergericht des Breidenbacher Grundes
Diplomica-Verlag 2013 ISBN 9783958508095

Tracht als veränderliche Kleidung, beschrieben anhand der Trachten des Hessischen Hinterlandes, insbesondere der Tracht des Untergerichts des Breidenbacher Grundes. Landkreis Dabei ist nicht alles, was Marburg - Biedenkopf
Grin-Verlag 2008 ISBN 9783640188574

Dreimal ein Phönix, Erzählung; basierend auf dem Theaterstück zum dritten Stadtbrand Biedenkopfs 1717
ISBN 9789463864527

Die Herren von Schloss Katzenbach, Erzählung; basierend auf dem gleichnamigen Theaterstück.
ISBN 9789463866446

Der Umgang des öffentlich-rechtlichen Fernsehens in Deutschland mit esoterischen Inhalten. Studienarbeit
Grin-Verlag 1998 ISBN 9783640215522

Hinterländer Haiku; 30 Gedichte in je drei Zeilen.
ISBN 9789463982214

Hinterländer Winterhaiku; 32 Gedichte in je drei Zeilen über den Winter um Biedenkopf
ISBN 9789463980746

Frühlingshaiku aus dem Hinterland; 33 Haiku über die Landschaft rings um Biedenkopf, das Osterfest und das Erwachen des Lebens.
ISBN 9789463987455

Sommerliche Hinterlandhaiku
ISBN 9789403601076

Herbsthaiku aus dem hessischen Hinterland
ISBN 9789403609911

Der vierte König Bogomil; Eine Erzählung über den vierten König, der das Jesuskind suchte. ISBN 9789463982436

Bogomil the fourth king; A tale about the fourth king searching for the newborn child. According to an old Russian story.
ISBN 9789403610375

1631 Erzählung; Über den Tod der Biedenköpfer Hexe Henrich Sangen, nach der Originalakte ISBN 9789463982733

Werde ich ein Schmetterling sein? Maja und der Tod.
Wie redet man mit einem Kind über den Tod?
ISBN 9789463986076 (Taschenbuch)
ISBN 9789463984379 (gebunden)

Lass uns doch Suraten wommeln, umbimte das Taruppel; ein Sprachspiel und -spaßbuch für Kinder und Erwachsene
ISBN 9789403600864

Sammelsurium; Texte, für die sonst nirgendwo Platz war. Unmodern!
ISBN 9789403610351

Sammelsurium 2; gebrochen, zerbrochen, geheilt.
ISBN 9789403621524

Carl Mauritz Frey von Dehrn vom Hoff: Ein Zug durch Stadt und Wald; Über den Grenzgang und das M-Wort von Biedenkopf
ISBN 9789403611853

Carl Mauritz Frey von Dehrn vom Hoff: Genderstern; Das Bastelbuch passend zum Thema
ISBN 9789403627731

Alle Bücher erhältlich im Buchhandel und unter
publish.bookmundo.de/christophkaiser
publish.bookmundo.de/carl_mauritzfreyvondehrnvomhoff